互联网背景下高校学生教育管理工作的加强与改进研究

王晓雪 著

吉林出版集团股份有限公司 | 全国百佳图书出版单位

图书在版编目（CIP）数据

互联网背景下高校学生教育管理工作的加强与改进研究 / 王晓雪著. -- 长春 : 吉林出版集团股份有限公司，2023.4

ISBN 978-7-5731-3169-0

Ⅰ.①互… Ⅱ.①王… Ⅲ.①高等学校－学生工作－教育管理－研究 Ⅳ.①G645.5

中国国家版本馆CIP数据核字(2023)第082508号

互联网背景下高校学生教育管理工作的加强与改进研究

HULIANWANG BEIJING XIA GAOXIAO XUESHENG JIAOYU GUANLI GONGZUO DE JIAQIANG YU GAIJIN YANJIU

著　　者　王晓雪

出 版 人　吴　强

责任编辑　孙　璐　王　博

开　　本　787 mm × 1092 mm　1/16

印　　张　8.25

字　　数　160千字

版　　次　2023年4月第1版

印　　次　2023年8月第1次印刷

出　　版　吉林出版集团股份有限公司

发　　行　吉林音像出版社有限责任公司
　　　　　（吉林省长春市南关区福祉大路5788号）

电　　话　0431-81629679

印　　刷　三河市嵩川印刷有限公司

ISBN 978-7-5731-3169-0　　定　　价　48.00元

如发现印装质量问题，影响阅读，请与出版社联系调换。

前　　言

　　高校学生管理工作是高校管理工作的重要组成部分，以培养具有创新精神和实践能力的高层次人才为培养目标，主要包括学生日常管理如何有效地开展，将完成人才培养使命与建立和谐社会目标相统一，是高校工作者要深入研究的课题。

　　加强大学生日常管理的规范性，在管理中融入人文关怀，是做好学生管理工作的重要保障和途径，也是提高高校办学水平、实现高层次人才培养目标的必要条件。规范管理，即用相对系统、科学、稳定的方式对学生进行管理，最终实现预期目的的管理过程。它要求管理者在管理过程中树立民主法治观念，依照国家法律法规和学校的各项规章制度，在公开、公正、科学的原则下，按照程序实施有序管理，最终实现科学育人的目的。

　　近年来，随着信息技术的发展和应用，世界逐步进入网络化、信息化时代，既给各行各业带来了根本性变革，也给教育领域带来了前所未有的机遇和挑战。随着高校改革进程的不断加速，依托互联网技术创新高校学生教育管理工作的重要性不断提升。本书主要以互联网背景下高校学生教育管理为研究对象，以互联网为背景，系统分析了互联网背景下高校学生教育管理工作的客观理论，以及相关管理内容。另外，本书精准论述了互联网环境下，创新高校学生教育管理工作的具体策略与发展定位，为当前优化学生培养机制提供了发展方向。

　　在人才竞争日益激烈的新形势下，高校学生管理工作必须在管理理念、管理制度、管理模式、管理方式等方面进行改革，创新思路，以培养出适应时代发展、符合社会期望、满足国家需求的高层次人才。

著　者

2023 年 1 月

目　　录

第一章
互联网背景下的高校教育

第一节　"互联网+"高校教育的基本理论

一、"互联网+"教育的核心及本质

国家针对教育领域提出一些新的要求：要针对各级教育创新教育公共服务供给模式和网络化教育模式，汇集多方力量共同开发数字教育资源及网络教育服务；探索网络学习的学分认定与学分转换等制度，推动高等教育服务模式的变革；与国际接轨，与互联网企业合作，实现国际合作以及校企合作，共同推进"互联网+教育"变革路径探索。

其实在"互联网+"提出之前，互联网教育已经有多年的发展历史，这表示即使政府不制订"互联网+"计划，"互联网+教育"的模式探索与尝试也已经开展，大数据、云计算、互联网等逐渐与教育相结合，教育的形态被"智能"的力量重塑，可以说教育行业已经实现了互联网化。互联网成为教育变革的一大契机，但是它只是对传统教育的升级，其目的不是去颠覆教育，更不是颠覆当前学校的体制，而是要改变我们的教育理念，改变教学模式与教学方法。混合式乃至融合式教学时代已经到来，"互联网+"引发的教育变革正快速蔓延，势不可挡，其规模之广、声势之大、影响之深、持续之长，史无前例。"互联网+"引发的教育革命将是 21 世纪世界教育和社会发展史上最伟大的创举之一。

基于此，我们认为，"互联网+教育"的核心和本质就是基于信息技术，实现教育内容的持续更新、教育模式的不断优化、学习方式的连续转变以及教育评价的日益多元化。

(一)"互联网+教育"：教育内容的持续更新

"互联网+课程"不仅产生网络课程，它还让整个学校课程，从组织结构到基本内容都发生了巨大变化。正是因为具有海量资源的互联网存在，才使得高等院校各学科课程内容

得以全面拓展与更新，适合大学生的诸多前沿知识能够及时地进入课堂，成为学生的精神套餐，课程内容的艺术化、生活化也变成现实。通过互联网，学生获得的知识更加丰富和先进，完全有可能超越教师。除了对必修课程内容创新，在互联网的支持下，各类选修课程的开发与应用也变得天宽地广，越来越多的学校能够开设上百门特色选修课程，诸多从前想都不敢想的课程如今都成了现实。

（二）"互联网+教育"：教学模式的不断优化

"互联网+教学"，形成了网络教学平台、网络教学系统、网络教学资源、网络教学软件、网络教学视频等诸多全新的概念，不但帮助教师树立了先进的教学理念，改变了课堂教学手段，大大提升了教学素养，而且更令人兴奋的是传统的教学组织形式也发生了革命性的变化。正是因为互联网技术的发展，以先学后教为特征的"翻转课堂"才真正成为现实。同时，通过互联网，教学中的师生互动不再流于形式，而是完全突破了课堂上的时空限制。学生几乎可以随时随地随心地与同伴沟通，与老师交流。在互联网天地中，教师的主导作用达到了最高限度，教师通过移动终端，能即时地给予学生点拨指导，同时，教师不再居高临下地灌输知识，更多的是为学生提供资源链接，激发学生学习兴趣，进行思维引领。由于随时可以通过互联网将教学的触角伸向任何一个领域的任何一个角落，甚至可以与远在千里之外的各行各业的专家学者进行即时视频聊天，因此，教师的课堂教学变得更为自如，手段也更加丰富。当学生在课堂上能够获得他们想要的知识，能够见到自己仰慕的人物，能够通过形象的画面和声音解开心中的疑惑时，可以想象他们对这一学科的喜爱和热情将是前所未有的。

（三）"互联网+教育"：学习方式的持续转变

"互联网+学习"，创造了如今十分红火的移动学习，但它绝不仅仅是作为简单的可随时随地学习的一种方式而存在的概念，它代表的是学生学习观念与行为方式的转变。通过互联网，学生学习的主观能动性得以提升，他们在互联网世界中寻找到学习的需求与价值，寻找到不需要死记硬背的高效学习方式，寻找到可以解开其诸多学习疑惑的答案。研究性学习倡导多年，一直没能在高校真正得以应用和推广，重要原因就在于它受制于研究的指导者、研究的场地、研究的资源、研究的财力物力等，但随着互联网技术的日益发展，这些问题基本都能迎刃而解。在网络的天地间，学生对于研究对象可以轻松地进行全面的、多角度的观察，可以对相识与陌生的人群做大规模调研，甚至可以进行虚拟科学实验。当互联网技术成为学生手中的利器，学生才能真正确立主体地位，摆脱学习的被动性，自主学习才能从口号变为实际行动。大多数学生都将有能力在互联网世界中探索知识，发现问题，寻找解决的途径。"互联网+学习"，对于教师的影响同样是巨大的，教师远程培训的兴起完全基于互联网技术的发展，而教师终身学习的理念也在互联网世界变成现实，对于多数使用互联网的教师来说，他们十分清楚自己曾经学过的知识，已过时和老化，也真正懂得"弟子不必不如师，师不必贤于弟子"的道理。互联网不但改变着教师的教学理念和技能，同样也改变着教师的学习态度和方法。他们不再以教师的权威俯视学生，而是真正蹲下身子与学生对话，成为学生的合作伙伴，与他们共同进行探究式学习。

（四）"互联网+教育"：教育评价的日益多元

"互联网+评价"，这就是另一个热词——网评，在教育领域里，网评已经成为现代教育教学管理工作的重要手段。学生通过网络平台，给教师的教育教学水平打分，教师通过网络途径给教育行政部门及领导打分，而行政机构也通过网络大数据对不同的学校、教师的教育教学活动及时进行相应的评价与监控，确保每个学校、教师都能获得良性发展。换句话说，在"互联网+"时代，教育领域里的每个人都是评价的主体，也是评价的对象，而社会各阶层也将更容易通过网络介入，对教育进行评价。此外，"互联网+评价"改变的不仅仅是评价的方式，更大的变化还有评价的内容或标准。例如，在传统教育教学体制下，教师的教育教学水平基本由学生的成绩来体现，而在"互联网+"时代，教师的信息组织与整合能力、教师教育教学研究成果的转化率、教师积累的经验通过互联网获得共享的程度等，都将成为教师考评的重要指标。

总之，随着"互联网+"被纳入国家战略的顶层设计，"互联网+"时代正式到来，教育工作者只有顺应这一时代变革，持续不断地进行革命性的学习和创造，才能走向新的境界和高度。

二、"互联网+"高校教育的特性

"互联网+"高校教育的特性是定制化教学趋势突出。"互联网+"作为互联网时代社会发展形态，对高校教学也产生了重要影响，为高校教学改革突破传统路径提供了颠覆性创新的可能。而"定制"作为一种顺应互联网时代的生产范式，核心是对每一个个体需求的关注，而这一理念也应该是当前高校教学改革的方向与必经之路。高等教育不同于基础教育，更应该关注每一个学习者个体的需求与发展，因此"互联网+"高校定制化教学与高校教学改革有着密切联系。

一方面，"互联网+"背景下的高校定制化教学是一种基于现代信息技术，包括大数据技术、物联网、云计算、安全存储、人工智能、量化自我、学习分析技术及脑科学等，以及互联网络技术为学习者提供自适应的教学路径与个性化教学内容的新型教学模式，而在这种教学模式之下，学习者能够深刻感受到自身的发展与成长，能够明确自身的发展方向。另一方面，定制化教学并不是要摒弃或替代现有教学模式，而且也不可能替代现有教学模式，而是对现有教学模式的一种补充与辅助，通过现代信息技术把握学习者的个体特征，进行个性化的教学设计，提升教师智慧，帮助教师开展更科学、更具针对性的教学活动，能够有效地提升学习者的参与度与学习效果，与原有教学模式相结合，共同构成了"互联网+"背景下的新型教学模式。

"互联网+"背景下的高校定制化教学以学习者的个性倾向、兴趣、知识结构、认知框架、能力结构、思维特征等为教学设计和一切教学活动的起点，因此定制化教学能够为每位学习者提供适合自己的教学模式，能够在一定程度上增强学习者的学习积极性与主动性，大大提高学习者的学习动机及学习者的自我效能。同时定制化教学关注学习者的能力倾向，能够给每位学习者不同的发展路径与教学目标，有利于学习者个体能力的培养，包括创造能力、发现解决问题的能力等。因此"互联网+"高校教学特性可以从学习资源、学习者、教师、政策保障等方面加以分析。

（一）教学资源层面

1. 丰富优质的教学资源提供了内容保障

互联网时代高校教学的一个突出特征，是教育教学资源的极大丰富。慕课、私播客、视频公开课、精品资源共享课、微课、在线学习平台、网络资源等教育资源不断涌现，为高校教学改革提供了内容丰富、呈现形式多样、开放共享、获取便利的教学资源。不同的教学资源具有不同的特点，但正是这些丰富优质的教学资源成为在"互联网+"定制化教学的基础与保障。

不同特点的教学资源具有不同的适用范围：慕课作为大规模开放的在线课程提供的是丰富多样的课程资源，为学习者提供了广阔的互动交流平台；私播客作为小规模限制性在线课程，提供的是更具针对性的教学资源，更利于与传统教学相结合；微课具有"短、小、精、悍"的特点，是一种针对具体教学要点的教学资源，便于学习者对具体教学要点进行学习。各具特点的教学资源为定制化教学的开展提供了可能，针对学习者的不同特征可以选择不同的教学资源，为定制化教学的开展提供了课程资源保障及内容保障。

在互联网时代，资源的生成速度也愈来愈快。当学习者在学习平台上学习的时候，不需要任何人要求，学习者会自发地在网络上交流分享自己的资源。在教学活动或学习活动进行的过程中，世界各地的学习者都在共享自己的学习资源，由此可以想见教学资源的生成速度。同时由于学习者的生活、文化背景都不相同，学历背景与学习进度也不相同，因此生成的资源是多样的，这也极大地丰富了教学资源的形式，同时多样性的资源对学习者的学习能力以及学习效率提出了更高的要求。

2. 高校对教学资源的占有

当前丰富的教学资源得益于网络，包括移动互联网络的发展与普及，在线学习平台及网络平台的建设，为整合丰富的教学资源提供了途径。慕课、私播客、视频公开课、精品资源共享课等优质教学资源本质上是国内外各知名高校开发的课程，为其附加多种辅助教学资源后将其开放共享，形成了各具特色并有质量保障的教学资源。同时慕课、私播客、视频公开课、精品资源共享课等教育资源的使用者大多是高校教师和在校学生，高校教师将其作为提升自我的途径以及开展教学的补充资源，学习者将其作为传统高校教学的辅助与补充。此外，关于慕课、私播客、精品资源共享课、视频公开课、微课、在线教学平台等资源的相关研究，尤其是具有前瞻性与指导意义的研究集中在高校。综上所述，"互联网+"时代的数字化教学资源，网络教学资源的开发、使用、研究等都有赖于高校，因此可以说高校占据了大部分优质资源，能够更加高效便捷地获取资源，能够广泛地开展对优质资源的多种利用形式的探索，能够实现对丰富优质资源的合理与充分利用，这也为在高校开展基于技术的定制化教学提供了可行性。

（二）学习者层面

1. 互联网时代学习者特征

互联网时代的学习者都是熟悉了解计算机技术和网络技术，成长在网络环境中的"数字原住民"，正因如此，他们具备较高的信息素养与实践能力。但是随着"互联网+"时代知识增长速度的不断加快，越来越多的信息充斥着学习者的生活，为他们带来丰富资源的同时也带来了巨大的认知负荷与学习负担，因此，学习者们必须不断提高自身的信息素养，才能够适应不断发展的"互联网+"时代对他们提出的新要求。"互联网+"时代的学习者对技术、网络、信息等保持着很高的兴趣与关注，他们热衷于关心新事物与前沿问题发展，他们有意愿并且有能力获取更多更优质的资源，有意愿也有能力与外界网络化环境产生深度的交互。在"互联网+"环境中开展学习活动已经成为当代学习者的主要学习方式，因此学习者能够很好地适应"互联网+"背景下的高校定制化教学，也更倾向于这种关注自身个体特征的教学方式。

2. 学习者对新型教学方式的需求

通过文献调研及相关访谈可以明确的是，学习者对当前高校教学方式有诸多看法，对当前高校的教学效果也并不满意，究其原因在于当前高校教学还延续传统教学模式。虽然教育可以说是较早与"互联网+"整合的行业，但是时至今日，"互联网+"教育仍然没有对高校教学方式产生变革性的影响。

当前高校教学仍为追求教学效率与管理便利而采用大规模教学，但是这样的教学方式无疑会忽视学习者的个体特征而更关注学习者整体的特征，并以此来开展教学活动，确定教学进度。但是这样确定的教学进度与设计的教学活动并不能符合每一个学习者的情况，有些学习者往往因为不能跟上教学进度或者不能深度参与教学活动而消极对待教学活动，最终导致了教学效率低下，以此形成恶性循环。同时，有些学习者可能远远超过教师制定的学习进度，因此在教学过程中，这些学生往往没有学习热情，也达不到良好的教学效果。而且这种教学方式往往是一种普遍且简洁的呈现形式，如PPT呈现或文本呈现，但是这种呈现方式追求的是教学信息呈现的效率，即使用PPT或者文本呈现教学信息，能够在有限的范围内尽可能呈现更多的教学内容。

不过，这种信息呈现方式的高效率并不代表信息呈现的效果，因为不同的学习者需要不同的信息呈现形式，不同的信息呈现形式也将对学习者的学习效果产生影响。学习者自身能够接触到丰富的教学资源，并且能够主动去接受和学习，学习者需要更能体现个性、更具针对性的新型教学方式。"互联网+"高校定制化教学的核心是对学习者个体特征的关注，能够根据学习者的个体情况开展教学，有利于激发学习者的积极性，提高教学效果，满足学习者对基于技术的新型教学方式的期望与需求。

（三）教师层面

1. 新型教育理念的树立

基于各类技术的高校教学改革的理论研究与实践探索在高校中的开展，为"互联网+"高校定制化教学奠定了理论基础，并提供了案例参考与应用的可能性。随着理论研究的不断深入与教学变革实践的开展，高校教师在"互联网+"时代也深刻认识到，当前的教学形式不能适应社会发展的需求，也不能满足学习者的个体需要，因此教师也在积极接受与更新自己的教育理念，不断将新的教学形式应用整合到原有的教学框架中。如将微博、QQ等社交媒体运用到课程教学中，开展以深度交互为核心的社群交互方式；将学习平台等在线学习平台应用到课程教学中，开展以学习者为中心的探究性协作教学；将慕课、精品资源共享课等资源运用到课堂教学中，大大丰富了课堂教学内容。所有这些都反映了高校教师已接受并积极探索新型教学形式，有利于高校定制化教学的研究与开展。

2. 教师价值的重现

高校教学之所以无法具有科学研究工作那样的内在吸引力，其中一个重要的原因在于教学中包含着大量重复性劳动。教师在进行同一课程教学时，往往延续以前的教学设计，同时由于课程时间、课时数量等的限制，教师教学以传统授课为主要形式，以传授知识为主要目标，教师积极性不能得到发挥，同时也不利于学习者学习积极性的提升与创新思维、创新能力的培养。

教师最重要的价值在于运用自身智慧来帮助学习者生成智慧、塑造品格、培养能力，而不应该沦为单纯地教授知识。而基于"互联网+"的高校定制化教学虽然将教学设计的决策权交还给学习者，但是教师也因此承担了更重要的责任。首先，学习者往往不能准确把握自身的个体特征，在大数据技术、学习分析技术、量化自我技术等相关技术的支撑下，学习者能够对自身情况有所了解，但是也没有足够的能力来做出最适合自己的决策。此时，教师依据大量的数据信息对学习者的具体情况和特点初步掌握，同时根据自身对教学内容的把握、多年积累的教学智慧，为学习者提供决策指导与教学指导，帮助学习者做出合适的选择。同时，定制化教学所实现的对课程、资源的整合，将为教师开展教学提供更多的可能。因此在定制化教学设计过程中，教师起着至关重要的作用，能够充分实现教师在生成智慧、启迪人生方面的重要价值，教师对定制化教学的认同与尝试将是"互联网+"定制化教学的有利因素，能够为定制化教学的开展提供师资力量的保障。

第二节　"互联网+"给高校教育带来的机遇

一、"互联网+"使高校教育从封闭走向开放

"互联网+"打破了权威对知识的垄断，让教育从封闭走向开放，使得优质的教育资源不再局限于少数名校之中，人们不分国界、老幼都可以通过网络接触到最优质的教育资源。在全球开放的时代下，一个全球性的知识库正在加速形成。通过互联网，人们可以随时随地地从这个知识库中获取各国、各地区优质的学习资源。

在我国，不同地区的教育，尤其是大学教育的质量目前还具有较大的差距。进入大学之前，虽然城市之间与城乡之间不可避免地会出现师资力量的差距，但是基本上都是实行的标准化教育，学生相互之间的差距并不是非常明显。但是大学教育却拉开了距离，同一个专业在不同的学校所开设的课程是不一样的，培养手法也是不一样的，再加上学校开设课程时间的长短以及教师对于课程方面的研究、解读的程度不同，都会造成不同的效果。

根据国家建设重点院校的政策，国家的财政性教育经费很大一部分给了985、211工程的高校，剩余的经费才能分到其他院校，因此导致最优质的教育资源都集中在少数的重点高校中，而其他院校则很少能得到优质的教师和政策支持。但是通过互联网，普通高校的学生能够通过网络接触到985等重点高校的教学资源，同时通过互联网，可以跨地域、跨时间段重复地针对一个知识点进行反复学习，加深对知识的理解，不至于在短短的45分钟或是一个小时的课堂上强行接收所有的知识点，且不担心知识点遗漏。由此学生获取知识的效率大幅提高，也为终身学习的学习型社会建设奠定了坚实的基础。

二、"互联网+"改变高校教育模式，提升教育自我进化能力

互联网使得教师和学生的界限不再泾渭分明，它改变了传统的"以教师为中心"的授课形式，使其转变成"以学生为中心"的形式。在"校校通、班班通、人人通"的"互联网+"时代，学生获取知识已变得非常快捷，师生间知识量的天平并不一定偏向教师，教师必须调

整自身定位，让自己和学生成为学习的伙伴和引导者。

要做到"以学生为中心"的教育就必须强调学生的个性化特征，互联网中的用户思维就是指在价值链的各个环节里都要"以用户为中心"去思考问题，根据用户的需求进行服务。在"互联网+"时代下，利用大数据分析学生的特点，准确分析学生的兴趣爱好、认知水平、接受能力等，然后在此基础上因材施教。

首先，当"互联网+"进入到现有的教育体系之后，打破了原有的教育体系的平衡，敲开了教育原本封闭的大门，为传统的教育体系提供了新的知识信息源泉，使得原有的学生子系统能够更为快捷和方便地与外部的大系统进行知识的交互，获取信息，因此推动了自身知识的增长，从而推动教育的自我进化能力。其次，互联网的虚拟环境能够为学生创造一个拟真世界，学生能够利用互联网从三维的视角去认知、探索世界。而在"互联网+"的时代，学生能够通过网络的虚拟世界进行相应的一些实践，并随时根据网络的信息更新知识，例如管理专业的学生能够通过网上进行沙盘模拟获知与企业运营相关的知识，由此加强学生的实践操作能力。

随着"互联网+"时代的来临，高校教育正进入到一场基于信息技术更伟大的变革中。"互联网+"教育的核心和本质是基于信息技术，实现教育内容的持续更新、教育模式的不断优化、学习方式的连续转变以及教育评价的日益多元化。由于高校教育不仅是利用互联网和相关信息技术进行教学方式创新的途径，还是如何有效利用互联网和相关信息技术提供的平台和空间，由此也引发了我们对高校教育本质的再思考。"互联网+"打破了权威对知识的垄断，让教育从封闭走向开放，极大地放大了优质教育资源的作用和价值，改变了高校教育的教学模式，并加速了教育的自我进化能力。

"互联网+"也催生出相关的教育市场，教育要素自发地在国际间流动，使中国高校教育面临市场化和国际化的冲击，普通高校面临严重的优质生源危机，高校教育将由此受到深远的影响。

第三节 "互联网+"高校教育改革发展趋势与路径

一、"互联网+"高校教育发展趋势

(一)高等教育的开放程度更大

互联网的运用使得高等教育不再局限于某种单一的教学方式，而是打破传统高校独立运行的机制，通过资源共享、交互性强、多重任务等特点的网络技术进行教学，使得信息技术与高等教育深度融合，重塑了教育教学的形态，促进高等教育的特点呈正相关性增长。比如，目前正在使用的翻转课堂、微课、慕课等线上教育工具，不仅改善了教育教学环境，还打破了现实中的物理封闭空间，开放了虚拟的网络空间，为高等教育教学提供了更多发展空间，促使学生在学习内容和学习方式上也相应拥有了更多的选择权。同时，从官方的制度改革上也可以看到高等教育的逐步开放化。

（二）高等教育知识传授的物理空间将逐渐弱化

未来学生将有可能自由选择、订制上大学的时间、地点和模式。在哪学、怎么学已经变得不再重要。以互联网为代表的信息技术日新月异，在这个知识爆炸的时代，各行各业都在寻求新的突破与契机，"互联网+"成为行业新常态，旨在通过与互联网的有机结合，带动行业发展，教育行业也不例外。学生接受知识的渠道不再只是书本和课堂，互联网尤其是移动互联网技术的发展将为学生的选择提供更加多样的服务。传统课堂的理论讲授功能将逐渐被弱化，慕课、微课等互联网教育模式将在一定程度上代替部分基础理论课程。同时通过互联网的便捷性，学生拥有为自己量身定制的教学方案和课程计划，实现人—计划、一人一方案的先进性教育理念。

现在已有高校在新生入学之初，通过对学生进行职业生涯规划测试等方式，使学生尽快明确自己将来的职业发展目标，并将学生分为就业、创业、升学三类进行培养。对于目标不同的学生，针对性地进行课程设置，开展二课活动和社会实践活动。但由于受传统课堂师资、场地、时间的各种限定因素，目前还无法很好地实现分类培养的效果。"互联网+"的课程模式使得分类别、多层次、理论与实践并重的慕课、微课等授课方式大受好评。有了互联网这一媒介，处处皆课堂，学生能够随时随地，在自己喜欢的时间，喜欢的地点通过互联网和老师沟通，学习知识。未来的互联网教育模式使大学不再是一个仅提供文凭证书的认证机构，而是使大学逐渐发展为一个学生自己当家做主，自己定制自己的培养计划，自己决定如何学习、如何实践的训练营，学校将成为能让学生提升能力的训练营，实现"混搭+订制""线上教学+校园实操体验"的新型高等教育模式。

（三）高等教育的管理职能弱化，育人和服务功能凸显

传统高等教育重管理、轻服务，无论学生的特点是什么，人生规划是什么，但课程是一样的，思想教育的内容是一样的。互联网与高等教育的深度融合将催生出新的学校、教师、学生关系。学校需要在转变传统办学观念的基础上，积极探索构建开放式、共享式的人才培养模式，这是一项长期性与阶段性、单一性与复杂性并存的工程。学校应根据学生的不同需求，为学生提供"菜单式"的针对性服务，自主选择课堂、选择时间、选择教师。教师也可以根据学生的要求，选择授课内容、授课时间与地点，在注重理论讲授的同时，

更注重联系实际，指导学生参加社会实践，将理论知识转化为生产实践。当然，在做任何工作、讲授任何课程的时候，都要围绕立德树人这一根本任务，都要坚持因事而化、因时而进、因势而新的原则，做好学生的思想引领，同时注重一切围绕学生，以学生为本，从管理育人为主向服务育人转变，为学生发展做好身与心的保驾护航。

二、"互联网+"高校教育改革的路径

(一) 构建以素质教育为中心的人文教育新体系

互联网的关注点是人与人的链接，教育的关注点是人的发展。链接可以自由选择，发展则是内心的力量。链接越快越好，发展却需要放慢脚步。所以，教育的本质是让受教育者提高能力、完善人格，并最终获得爱和幸福。教育的终极目标是培养全面发展的人。随着互联网的全方位覆盖，网络化的课程教学开始异军突起，但这绝不是完整的教育，就像充斥着网络的资讯不能等同于知识一样，校园文化和校风、学风、润物无声的教育是网络课程教育所不能传达的。传统学校中的师生情感具有互联网教育无法替代的价值，除了传授知识，学校和教师间可以学习互动、生活关怀、指点成长等，师生间、学生间在相互影响中追求着人生的真善美，这些对学生的心智发展都是非常重要的。

在信息超载和知识碎片化的互联网背景下，信息不等同于知识，碎片化的知识不等同于系统的知识，而复杂的任务和挑战需要系统的知识作为基础。因此、只有组装信息和碎片化的知识才能有价值和作用，高校正是承担组装使命的机构。因此，不用担心网络教育会完全代替传统高等教育，高等教育要成为以学生为中心，充分挖掘每位学生的潜能，激发其创造力，构建基于素质教育的个性化学习平台，实现学生的全面发展，为社会主义现代化建设培养高素质人才。

(二) 构筑教育资源共享的教学共同体

教的本质是自我教育，学的本质是自我学习，在人们学习过程碎片化的互联网背景下，其实教与学是一种"榕树现象"。自然界中的榕树可以自己汲取根部的营养，同时枝条也可以扎根生长。这就好比老师的教和学生学习的内化。获取知识渠道的多样性，使得传统的教与学已经远远不能满足和适应当前的教育改革，"一支粉笔是老师，一张凳子是学生"的时代逐渐远离我们，教师的角色定位正在发生转变，课堂是教师设计学习的过程，而非仅仅传递内容，教师这一职业的内涵正在变得更加多元和富有价值。这种新型的教学共同体打破了时空界限，扩展了教育载体，重建了师生关系，同时，也对教师重塑教学能力提出了更高的要求。教师能力的提升和必要的培训是重要的方面。作为互联网背景下教学的实施者，其职业素养至关重要。教师首先要树立"为未知而教，为未来而学"的基于教

师和学生共同成长的教学理念和思想，明白在互联网背景下，学校和教师成了学习过程中的可选项而不是必选项，教师要充分发挥其在学生成长进步中的"导师"作用，着眼于未来，努力培养学生对多变世界的好奇心和责任感，启迪学生智慧，增强学生自主创新能力，引导学生自觉、自主、自愿地学习，让学生不再是课堂的沉默者，引导学生成为课堂问题的制造者和回答者。教师要树立互联网思维，学会资源整合、学会设计过程、学会设计内容，一本教材讲几年的现象将越来越少，超越基础技能、超越传统学科、超越彼此割裂的各学科、超越区域性观念、超越对学术内容的掌握、超越既定内容的课程组织能力等都对教师提出了更高的要求，教师必须在与学生共同成长的过程中完成教学任务，完成互联网所不能给予的思维和创新训练。

（三）拓展开放、共享的优质教育资源

互联网开放与共享的特点，一直被认为是互联网发展的原动力，也是最核心的"互联网精神"。众多开放、共享、大规模的优质教育资源平台伴随着互联网的发展而产生，促使高等教育将不同空间和时间的教育资源进行全面整合，数量众多的开放网络课程将引领今后的教育资源改革，成为高等教育教学资源新的发展趋势，成为今后学生学习的主要途径。个人将对自己的学习和教育享有更多的自由，承担更大的责任，学习将彻底变成一件自我可以主导并完成的任务。网络课堂共享资源，以及视频公开课、慕课，吸引众多学生在线学习。这种通过一个 5~20 分钟左右视频获得一个知识点的学习方式，不仅可以强化知识，同时可以让学生更集中精力消化所学内容。

学生最大化地获取优质教育资源可以满足自身个性化学习的需要。网络课程因其共享、优质、传播迅速，正逐渐成为传统大学课程的有益补充，更多优质教育资源的激增也将成为今后跨校协作的重要内容。

（四）创新供需匹配的管理、服务体制

互联网对大学的教学组织形式、教学管理、学生管理等都提出了挑战。学制弹性、学习时间随意等成为互联网背景下不可避免的现实，传统的集中时间、地点甚至集中食宿的大学教育现象逐渐减弱。学生将会利用互联网开展开放、交互、即时、生动的虚拟空间学习模式。学生成绩的记录，学籍的管理，学分在不同学校间的转换和认定等都成为不能回避的事实。因此，理念先行、技术支撑是当前高等教育教学者应该树立的基本思想。互联网时代，教育教学活动要与时俱进，不能让传统教育方式的观念惯性前行，要培养互联网思维，树立服务最终用户的观念。利用移动互联网整合教育教学资源，建成"以人为本、深度交融"的智慧型校园，建设随处、随时、人人可学的学习型教育环境。与此同时，做好顶层设计，设计好制度，这是真正开展和接受互联网教育的基础。

综上所述，着力构建基于信息技术的新型教育教学模式、教育服务供给方式以及教育治理新模式；促进信息技术与教育教学深度融合，重塑教育教学形态；加快建设多元协同、内容丰富、应用广泛、服务及时的高等教育云平台，打造适应学生自主学习、自主管理、自主服务需求的智慧课堂、智慧实验室、智慧校园；大力推动互联网，大数据、人工智能、虚拟现实等现代技术在教学和管理中的应用，探索实施网络化、数字化、智能化、个性化的教育，推动形成"互联网+高等教育"新形态，以现代信息技术推动高等教育质量提升的"变轨超车"，成为目前高校现代信息化的追求目标之一。

第二章
互联网背景下高校教育管理创新思路及方法

第一节　互联网信息时代高校教育管理工作概述

一、高校学生管理信息化概念

高校学生管理信息化的含义就是在原有学生管理模式的基础上，以交互化的学生工作信息网络为支撑，通过全面开放的信息化应用服务体系，对学生管理工作的传统体系在应用模式和管理模式层面进行改造，以求形成更便捷高效的学生工作管理模式和实现对高校学生有效的教育及引导。

其具体内容主要包括以下两个方面：

一是对学生事务管理实现信息化，高校通过建立和使用功能完善的学生事务管理信息平台，实现数字化和流程网络化学生信息管理模式。学生事务管理信息化的根本是要以信息技术对传统的学生事务管理工作流程进行优化改造，在运用基于信息化管理平台的学生管理工作运行机制基础上，使用数字化形式将学生事务管理工作的信息加以整理、归纳、运用及共享。

二是高校思想政治教育实现信息化。高校学生管理信息化是为了实现思想政治教育的沟通交互化，提升教育的时效性，积极利用先进的信息技术加强和创新思想政治教育模式。以信息技术与传统工作体系和工作方法相结合的思想政治教育信息化，不但拓展了思想政治教育工作的空间和渠道，还开辟了思想政治教育网络这一新阵地，思想政治教育工作利用网络加强师生交互，将深入细致的教育融于新技术所搭建的新载体中。

高校学生管理信息化主要由学生管理的各个信息化系统平台、信息化硬件、信息化制度和相关熟悉信息化操作的工作人员共同组成。高校学生管理信息化的核心是学生信息管理系统。因此，人们认为在学生管理的整个信息处理过程中，学生档案信息处于中心位置。

（一）信息化高校学生管理的构成要素

作为一个管理领域的信息化，高校学生信息化管理同样包括信息网络、信息资源、信息技术应用、信息化人才、信息化产业和信息化政策法规等六大要素。这六个要素是一个有机整体，构成了一个高校学生管理信息化体系。其中，信息网络是基础，信息资源是核心，信息资源与信息技术的应用是目的，信息化人才、信息化产业、信息化政策法规是高校实施学生信息化管理的保障。

下边介绍信息网络、信息资源、信息技术应用、信息化人才、信息化产业和信息化政策法规这六大要素的概念、意义。

1. 信息网络

信息网络是高校学生管理信息化建设的重要内容，也是实现学生管理信息化的物质基础和先决条件。目前，我国很多高校都提出"数字化校园"建设构想，并付诸行动，校园网络建设得到快速发展，几乎所有的高校都拥有自己的校园网络并与中国教育管理网无缝连接。学校的各级管理部门大多实现网上办公并积极建设自己的管理网站。同时，高校为学生上网提供了各种各样的便利条件，加大了学生计算机中心、网络实验室的建设力度，加强了学生宿舍局域网的建设。这些基础设施的建设为高校学生管理信息化奠定了坚实的基础。

2. 信息资源

学生管理信息资源是应用于高校学生管理和管理过程中的各种信息资源，它的有效开发和利用是高校学生信息化管理的核心，也是关系到高校学生信息化管理成败的关键所在。

学生管理信息资源可分为以高校学生管理信息为核心的学生管理软件资源和以学生管理信息系统中的基础数据为核心的学生信息资源。其中学生管理软件资源主要包括以多媒体素材为基础的多媒体信息资源和以学生管理信息资源的生成、处理、分析、决策、利用为基础的各种工具资源和互联网资源，学生信息资源指为实现现代学生管理而建立的以被管理者、管理内容、管理资源及其支持服务体系为主要内容的各类数据库资源等。

3. 信息技术应用

信息技术在高校学生管理中的应用是高校学生信息化管理建设的根本出发点和主要目的。有了信息网络和信息资源这些基础条件之后，信息技术的应用成为高校学生信息化管理建设的主角。可以说，学生信息化管理的效益主要体现在信息技术的应用这一环节。在信息技术应用方面应主要做好四件事：一是做好与思想理论、方法密切相关的建设，它决定信息技术在学生管理方面应用的方向，直接关系到信息技术管理应用的质量和效果；二是建立与当地学生管理信息化环境、教育管理对象及教育管理内容相适应的信息化学生管理模式；三是必须提高管理者及受管理者应用信息技术的兴趣和基本技能；四是在不同层次上开展信息技术与高校学生管理整合的理念研究和实践，并将其作为学校信息技术管理应用的主要任务。

4. 信息化人才

高校学生信息化管理，人才要先行。为了实现高校学生信息化管理，需要培养大量掌握信息技术基本知识，具有先进的学生管理理念以及具备信息技术应用能力的学生信息化管理人才。

作为高等教育行业某一领域的信息化管理人才有两种含义：一是通识型学生信息化管理人才，这是对在高校中从事各种学生教育、管理、服务的各类人员而言的，是对该领域全体工作人员信息技术知识、能力和素质的共同要求；二是专业型高等教育学生信息化管理人才，主要是指专门从事学生信息化管理物态化技术和智能形态技术的研究与开发，高校学生信息化管理应用和维护的专业人才。

一般来说，对通识型高校学生信息化管理人才的要求是应具备基本的获取、分析和加工信息的能力；对专业人才的要求更高，分工更细，可以是高级软件人才、网络工程师等。

5. 信息化产业

信息技术是指对信息的采集、加工、储存、交流、应用的手段和方法的体系。它的内涵包括两个方面：手段和方法。手段即各种信息媒体，如印刷媒体、电子媒体、计算机网络等，是一种物化形态的技术。方法即运用各种信息媒体对各种信息进行采集、加工、储存、交流、应用的方法，是一种智能形态的技术。信息技术就是由信息媒体和信息媒体的应用方法两个要素所组成的。信息技术的核心是信息的数字化、信息传播的网络化。信息技术是高校学生信息化管理的技术支持，是学生信息化管理的驱动力。在高校学生信息化管理过程中开展信息技术研究不仅可以丰富高校学生管理信息化的研究内容，更重要的是可以将新的、更加有效的物态技术和智能形态的技术应用于信息化学生管理中，提高学生信息化管理水平。

信息技术产业主要指信息技术设备制造业和信息技术服务业。由于信息技术设备制造业的发展需要强大的技术和资金优势做后盾，因此，在我国高校学生信息管理进程中，信息技术产业的发展应有不同的社会部门分工协作来完成。其中学生管理信息技术产品的制造业应动员学生管理部门、科研院所和相关企业等互补性较强的部门共同参与，以便将学校从学生管理信息技术产品的开发中解脱出来，集中精力和优势资源做好以学生管理信息资源的开发、利用为主的信息技术服务。

6. 信息化政策法规

高校学生信息化管理是一项系统工程，为确保高校学生管理信息化工作的顺利进行，高校及相关部门必须对学生管理信息资源开发、学生管理信息网络建设、学生管理信息技术应用、学生管理信息产业等各个方面制定一系列政策法规，以规范和协调各要素之间的关系，这既是高校学生信息化管理发展的重要条件和有力保障，也是开展高校学生管理信息化工作的依据和蓝图。只有这样，才能使高校学生管理规范化、秩序化，推动高校学生信息管理健康顺利地发展。

（二）高校学生管理信息化的性质和特征

高校信息化的实质，"就是利用先进的计算机技术、网络技术，实现高校校园网络化、管理科学化和信息资源数字化。"其中，校园网络化是信息化的基础，管理科学化是信息化的保证，信息资源数字化是信息化的核心。

高校信息化是一个动态的发展过程，是一个对传统教育观念、教育模式、管理体制、组织结构及业务流程等不断改革和优化的过程，有利于提高教学、科研、管理、服务等活动的效率和质量。同时，其本身也在这个动态发展的过程中得到不断健全和完善，并注入新的内涵。

从静态的组织结构形态来看，高校信息化具有系统属性，有其自身的体系结构。从其表现形式来看，是一个观念信息化、组织信息化、管理信息化、事务信息化、工具信息化等有机结合的整体；从其体系结构来看，是由网络平台体系、信息资源与数据库体系、信息化应用与服务体系、信息化规范与标准体系、组织管理体系、技术与安全保障体系等构成的完整体系。

（三）高校学生管理信息化的目标和任务

高校信息化是"以全面提升学生的信息素养和综合素质，创建与信息社会和知识经济相适应的新型教育形态为目的""将为全面提高学生的综合素质奠定基础，使高等教育打破传统的时空限制，突破高校的围墙，超越国界、区域的樊篱，为构建全球化终身教育体系奠定基础。也就是说，高校信息化的终极目的是为高校培养人才服务的。

二、构建学校信息化管理

信息技术是当今最活跃、发展最迅速、影响最广泛、渗透力最强的科学技术领域之一。信息化是一场深刻的革命，在社会许多领域里对传统的生产、生活和思维方式产生着巨大冲击，并促进着经济和社会的快速和均衡发展。随着全球经济一体化步伐的加快，信息化水平已成为衡量一个国家和地区的国际竞争力、现代化程度、综合国力和经济成长能力的重要标志，是促进社会生产力发展的重要因素。世界各国对信息化的发展已给予了前所未有的关注。

所谓"教育信息化"，是指在教育领域全面深入地运用现代信息技术来促进教育改革与发展的过程。其技术特点是数字化、网络化、智能化和多媒体化，基本特征是开放、共享、交互、协作。

教育信息化的发展，带来了教育形式和学习方式的重大变革，对传统的教育思想、观念、模式、内容和方法产生了巨大冲击。教育信息化是国家信息化的重要组成部分，对于转变教育思想和观念，深化教育改革，提高教育质量和效益，培养创新人才具有深远意义，是实现教育跨越式发展的必然选择。

目前，教育界对何谓高效能学校尚未形成统一的认识。有人认为，高效能学校是学校利用现有的教育资源，达到使学校在教学质量、校园气氛、教学创新、学习创新、教职员素质、学生行为表现、家长参与学校教育教学工作等诸方面都有良好表现，并且能高效地实现教育目标。其具体表现为：学校拥有办学自主权；家长与社会广泛参与学校教育；校领导机构有较高的管理效能；教师态度积极，齐心协力，学校有高度的凝聚力；学校注重教师专业发展，而且能充分发挥教师的才能和经验；学生热爱学习，学校对学生寄予切合学生实际的教育期望，学校形成较为显著的特色。人们看到，人类社会正在进入信息时代，信息技术可以从许多方面对高效能学校的建设起到极其有力的促进作用。为家长与社会广泛参与学校教育开辟了新的渠道；可以有效地提高校长的领导效能；对教师的专业成长提供了有力的支持；对全体学生的全面发展起到促进作用。

学校管理信息化是指中小学校广泛利用现代信息技术，充分开发和利用其信息资源，及时地把握机遇，作出教育、教学、科研的经营管理决策，增进运行效率和效果，从而提高学校发展水平的活动过程。由此，中小学校管理现代化的原动力就是信息技术，信息化乃学校现代化的基础。中小学校确立新的信息化理念，就是要明确在知识经济社会，信息已成为引导资本流动的关键因素，信息本位已取代资金本位，并已成为国际金融的基础，信息社会就是信息和知识将扮演主角的社会，信息社会的信息和知识是生产力和经济、文化、教育、科学发展的关键因素。中小学校教育、教学、科研、生产、财务、行政和经营管理的成败，也取决于信息这个因素，谁拥有信息，谁建立了信息网络，谁就能取得优势，增强学校实力。

信息革命的大潮冲击着教育领域，它首先对传统教育观念提出了挑战。在传统的教育中，人们总是认为一定的教育思想和教育理论决定了教学的方法和技术，认识不到教学方法尤其是教育技术的能动作用。

这并不奇怪，因为过去教育技术的发展比较缓慢，远远落后于理论的更新速度，常常是理论更新之后再来推动技术的发展和应用，因而技术对理论的反作用没能充分体现出来。然而自从计算机出现以来，信息技术的发展速度和对社会、教育的影响之深刻，其程度远远超过了以往任何时代。现在信息技术不仅大量应用于教育领域，而且在很多方面超出了原有的理论范畴，对理论的牵动作用越来越突出，甚至对一些传统理论和观念提出了挑战。

首先，现代信息技术运用于教育领域，对"读、写、算"这一传统教育的"三大基石"产生了巨大冲击，使阅读方式从文本阅读走向超文本、多媒体和高效检索式阅读，使写作从单纯的文本和手工写作转变为多媒体写作和各种自动化输入方式，使计算从纯数学计算扩展为多媒体信息的综合处理，这一切将导致基础教育从内容到形式都产生新的变化。

其次，以网络和多媒体为核心的现代信息技术运用于教育领域，使教育教学的形式、手段、方法、环境等得到更新，不仅提高了学员的学习效率，改变了学员的学习方式，大大扩展了教学领域，而且使传统的教育理论、课程结构、师生关系、人才培养模式等都发生了根本性的变革。

最后，为适应现代教育技术的发展，新的教育教学观念正在逐步确立，如素质教育、继续教育和终身教育的观念，超前教育、活化教学和发展个性的观念等等，这些新的观念为院校建设的发展，为新型军事人才的培养，提供了重要的指导依据。

三、现代信息技术对高校信息化建设的影响

（一）云计算

1. 云计算的定义

云计算是基于互联网的相关服务的增加、使用和交付模式。云是网络、互联网的一种比喻说法。过去在图中往往用云来表示电信网，后来也用来表示互联网和底层基础设施的抽象。狭义的云计算指 IT 基础设施的交付和使用模式，指通过网络以按需、易扩展的方式获得所需资源；广义的云计算指服务的交付和使用模式，指通过网络以按需、易扩展的方式获得所需服务。它意味着计算能力也可作为一种商品通过互联网进行流通。

2. 云计算的特点

通过使计算分布在大量的分布式计算机上，而非本地计算机或远程服务器中，企业数据中心的运行将与互联网更相似。这使得企业能够将资源切换到需要的应用上，根据需求访问计算机和存储系统。

云计算是分布式处理、并行处理、网格计算、网络存储、虚拟化等计算机应用技术发展融合的产物，是依托互联网，面向客户提供安全、快速、便捷的数据存储和网络计算的服务模式，是一种新的 IT 基础设施的交付和使用模式，是指用户通过互联网络以按需、

易扩展的方式获得所需的资源，如基础硬件、系统平台或程序软件等。

3. 云计算在高校建设的应用

云计算最早由谷歌提出来，作为第三次 IT 浪潮的代表，已被国务院于 2010 年定位于"十二五"战略性新兴产业之一。云计算是一种全新的信息技术，它可以将所有信息资源、网络、服务器、存储等集中起来，然后通过云信息技术将其定义为一个虚拟的服务，然后在通过"租赁"的方式提供给用户。云计算能推动高校新一代数据中心建设，从而有效地节约高校信息化建设中的资金投入。云计算的概念从诞生到现在，已经成为最热门的信息技术。"云"的强大已经被大家所公认，而且云的潜力还未完全被挖掘和发现。

高校信息化建设自然离不开"云"。如何利用云计算，促进高校信息化建设已经是目前所有高校面临的新问题，不过综合国内外知名的信息服务企业和高校对"云"应用的成功经验告诉大家，云计算已经是高校信息化技术必不可少的信息技术应用。

（1）云服务

高校可以利用云计算建设属于自己的私有云。此私有云包含了高校的各种教学资源、软件、硬件都集成在高校的私有云上，它其实也就是高校的数据应用平台。高校的每个用户不需要有强大的硬件来支持软件的应用，即使软件本身对硬件的要求很高，因为数据平台集成了强大的超级计算机。高校通过私有云大大减少了硬件、网络实施的采购，降低了运营成本。云计算将使高校无需再购买任何的软件，也许有一天云计算会让单机版软件成为过去。云服务可以为高校大量的、免费的常用软件。比如 Office 办公软件，只要高校用户能够通过 WEB 上网，向云服务发出申请并得到专业管理人员的同意，这类云服务都将是免费的。

（2）云存储

存储云，采用联想主机层存储虚拟化管理系统，建立存储管理虚拟层，可以在异构或同构存储之间进行镜像和建立统一存储资源池，实现存储无关性。

高校教师、学生、管理者都可以通过 WEB 将各种信息资源上传到高校的私有云数据平台上。高校的任何一个人都可以在任何地点上传和下载信息资源，即使在一个很老的机器上一样也能很快地实现资源共享。在一个云计算的网络中，不论是教学信息资源还是个人的信息资源都可以上传到"云"存储平台上去，任何时候不必担心资料丢失和被病毒侵袭，只要能运行 WEB 程序就可以随时随地地进行下载和使用。云存储服务有点类似于上传到文件传输空间一样，但又和这种文件传输完全不同。文件传输要通过一台计算机完成，而云端是 N 台超级计算机协同组成。云存储始终保留多个副本，即使部分计算机系统崩溃也能使用户数据正常运行、存储和下载。

（3）云安全

云计算提供了非常安全的数据存储中心，高校用户不用担心存储在云端的信息资源数据丢失、病毒侵扰。用户也不用担心系统崩溃造成数据丢失，云存储为用户备份了大量的副本，云系统是由 N 台超级计算机组成。

4. 云计算在高校信息化建设中的优势和问题

云计算已经在许多高校开始应用，云计算的强大功能带给高校信息化全新的革命。

(1)云计算在高校信息化建设的优势

①大大节约高校信息化建设资金投入

目前高校信息化建设资金除了投入在软硬件设施、网络设备购买方面，各种设备升级也消耗了高校信息化建设的大量资金。但是云计算在高校应用以后，云计算对硬件要求极低，高校只需购买最低配置的设备即可实现高速的信息化运行环境，也避免了升级带来的资金消耗。

实现高校资源整合并建立了统一的平台。目前高校信息化建设需要建立统一的标准才能实现信息资源共享。而云计算将统一标准、信息化环境的建设、各软件和系统的安装任务都交给了云服务提供商，从而把过去毫无规律的数据接口变成了统一的平台，形成一个与自身操作系统、软件版本、开发环境、服务器配置无关的、统一的信息平台，极大提升了资源共享、软件开发的可行性，大大提高了资源的利用率。

②提升了教育信息化质量，提高了办公、管理效率

云计算出现之前，教学信息化质量的提升，办公管理效率的提高都需要教职员工提升信息化意识，自觉学习并增强信息化技术能力。而云计算的出现给各高校建立了丰富的教学信息、资源平台，不论是给老师还是给学生都提供了大量不同的教学信息资源。高校教职员工只需要登录 WEB 系统，随时随地可以在云端进行学习、办公、管理。师生通过相互交流学习，提升了教育信息化质量。随着云计算的深入，无纸办公成为了现实，随时随地可以通过云计算快捷的管理、处理工作，也极大提高了高校管理、办公效率。

③提升了信息资源安全

过去信息安全问题一直困扰着信息安全系统的正常运行，单机服务器的不稳定给信息化建设制造了诸多的不确定因素。云计算出现后，提供了非常安全的数据存储中心，高校用户不用担心存储在云端的信息资源数据丢失、病毒侵扰。用户也不用担心系统崩溃、病毒侵扰所造成的数据丢失。

(2)云计算在高校信息化建设的问题

云计算给高校信息化建设带来全新的理念，云计算强大的功能的确也给高校信息化建设带来很多的好处，但是云计算技术的应用目前掌握的人还很少，技术本身和技术应用也有不成熟的方面。所以云计算的应用目前还处于初期磨合状态中。

（二）物联网

1. 物联网的定义

物联网是新一代信息技术的重要组成部分。物联网的定义是通过射频识别、红外感应器、全球定位系统、激光扫描器等信息传感设备，按约定的协议，把任何物品与互联网相连接，进行信息交换和通信，以实现对物品的智能化识别、定位、跟踪、监控和管理的一种网络。物联网的目的是让所有人、所有物品都和互联网连接起来，方便识别、监管和控制。物联网是继计算机、互联网、移动通信网之后，带给世界信息产业的第三次浪潮。物联网技术也是当今现代信息技术备受关注的焦点。物联网同样是当前世界经济、社会进步、科技发展的重要的战略制高点。

物联网应用极其广泛，遍及智能交通、环境保护、政府工作、公共安全、平安家居、智能消防、工业监测等多个领域。物联网不是一个简单的信息管理系统，而物联网技术是一个涉及到多种学科领域（如生物、物理、通信、微电子、计算机等）的复杂的信息系统，融合了感知和识别技术、网络通信技术、数据处理技术、信息安全技术等多种技术。

2. 物联网的特点

（1）物联网技术是各种"传感技术"的广泛应用

物联网上装载了大量的、不同类型的传感器装置。传感器能感受到被测量的信息，并将感受到的信息按一定规律，将其转换为电信号或其他所需形式的信息输出，以满足信息的传输、显示、存储、控制等要求。每个传感器都是一个独立的信息源，不同类型的传感器所捕获的信息内容以及信息格式都是不相同的。传感器按一定的频率，周期性地采集信息，不断更新数据。

（2）物联网是一种建立在互联网基础上的又区别于互联网的网络

物联网的基础仍然是互联网，物联网的技术核心和基础也是互联网。物联网是通过网络连接技术与互联网进行连接，将传感装置感受到的信息实时地、准确地传递给互联网。由于与互联网的连接，物联网的信息传输也必须遵守互联网的协议。但是物联网又不是互联网的简单延伸。物联网可以使人们平常所说的互联网向"物"的方面延伸，也可以根据实际需求组成局域网。比如在人们生活的小区，人需要创建一个智能、安全的具有物联网功能的小区，而此时的物联网没有必要连接到互联网，只需要连接到小区组建的局域网即可以完成物联网的功能建设。

（3）物联网技术具有智能处理能力

物联网技术不仅包括"传感器"的连接，其本身也具备对传感装置感受到的信息进行智能处理的能力，并且能够对人、物体等进行实时的智能控制和有效的监管。

物联网是传感技术、信息技术、智能处理的结合。物联网技术根据不同用户的不同需求通过"传感器"收集相应的信息，然后对收集的海量信息利用模式识别、云计算等各种现代化信息技术进行分析和处理，将处理结果反馈给用户，从而实现实时的控制和监管，使物联网对信息的智能处理功能应用到社会发展的各个领域。

3. 物联网在高校建设的应用

我国高校对物联网的研究和应用已经初见成效，从对物联网开设相关课程、建立物联网实验室，到建设物联网智能图书馆，利用物联网对学生进行有效的管理，最后利用物联网技术建设平安校园，物联网技术的应用已经在高校逐步展开。

（1）教学领域的应用

高校信息建设的核心是教育信息化建设。为了加快我国新兴产业人才的培养速度，教育部在 2011 年审批通过了 140 个战略性新兴产业相关本科新专业，在新增本科专业名单中，"物联网"成为最大热门，37 所高校获批开设相关专业。目前我国高校物联网教学内容主要包括：物联网的基础知识、物联网的原理和核心技术、物联网技术开发和行业应用等方面。

目前，在教学教育领域除了高校已经成立物联网研究学院，开设了相关专业，还可以通过物联网技术提高高校教学质量。在过去，影响教学质量提升的一个关键因素是教师和学生之间缺乏沟通，教师无法及时地掌握学生的学习情况。如今可以通过给学生配置一个带有传感功能的装置，及时地向教师传递学生的学习感受和心理变化，教师再根据接收到的信息及时调整教学进度，从而加强与学生及时交流和沟通，提高教师的教学质量。

为了让学生更好地掌握物联网知识理论，提高学生物联网在其相关行业的实际开发和应用能力，部分高校已经开始建立物联网综合仿真实验室。学生通过物联网仿真实验室掌握物联网基础知识、物联网核心技术的应用，学习通过物联网进行核心技术开发和提出相应的解决方案，让学生通过仿真案例教学的方式进一步掌握物联网的知识和应用能力，激发学生对物联网的兴趣，将高校理论教学应用到实践中。

（2）建立高校智能图书馆

目前在我国高校对于物联网中另一个核心技术 RFID（射频自动识别）技术的应用研究已经逐渐普及。物联网中物与物之间的信息交换，其实质就是利用 RFID 技术，通过网络信息传输实现物品的自动识别和信息交换。部分高校已经利用物联网 RFID 技术建设高校智能图书馆。

随着高校的发展，高校的规模不断扩大，图书馆的藏书量逐年增加，传统的图书条码使图书的归纳、整理、查找变得相当繁琐，浪费了大量的时间。如今部分高校利用物联网技术建立了高校图书馆智能管理系统。通过物联网 RFID 技术的应用，将图书馆的每一本图书上放置一个 RFID 标签，图书馆工作人员只需将贴有 RFID 标签的图书信息录入图书馆智能管理系统，然后在图书背面贴上根据图书类型划分的用于图书放置的电子标签，这样图书馆工作人员就可以轻松地完成图书归纳和以后的整理工作。同样，高校的教职员工、学生可以通过图书馆智能管理系统的检索功能迅速查找图书所放置的位置，然后通过图书馆智能管理系统的自助服务系统完成借阅、归还操作，凡是通过自助服务系统借阅的图书，都能顺利地通过图书馆的安全门禁系统，从而完成自助借阅、归还功能。

高校基于物联网 RFID 技术建立的图书馆智能管理系统，不仅大大提高了高校图书馆工作人员的效率，简化了教职员工和学生查阅、借还图书的程序，而且也丰富了高校图书馆的文献资料，对高校提升教育质量提供了良好的信息环境。

（3）物联网在高校管理中的应用

目前物联网在高校管理中应用最多的是对学生的管理、后勤服务管理、安全管理。

①学生的管理

学生管理是高校管理中最为重要的管理任务，学生的安全是第一位的。随着物联网传感技术、RFID 技术的出现，学生管理将比过去变得更加可靠。学生入校时，高校可以在学生的"一卡通"设备上添加 RFID 标签（没有"一卡通"系统的高校可以使用学生证），对学生的位置进行实时监控，当学生进入危险区域时，管理系统会向学生发出警告并及时通知高校的安保部门，减少高校学生发生事故的可能，最大限度地保证学生的生命安全。除了对学生进入危险区域进行预警外，高校可以通过对学生的实时位置监控，统计学生按时上课、晚上回到寝室的人数，方便对学生的日常教学进行管理。

②后勤服务管理

利用物联网核心技术对高校后勤服务管理同样也是物联网技术在高校建设中的重要应用。利用物联网核心技术中的传感技术对教室环境进行实时监控。通过在高校的每个教室中放置传感装置，对光线、温度等教室环境进行实时检测，并根据先前设定的参考数值自动调节教室的光线，空调风扇等设备。同样，高校可以利用物联网的核心技术对高校日常运行设备，比如日光灯、电梯、电脑、水电气设备等进行实时监管，当处于无人状态时，自动关闭设备，当需要运行时，自动运行设备。不仅对设备进行有效、合理的管理，而且节约了高校的运行经费。

③安全管理

如今高校的面积越来越大，进出学校的人数越来越多，学生人数逐年增加。高校的安全压力也日益增大。平安校园系统主要由设在校园围墙上的检测装置（如红外收发器、振动传感器、接近感应线等）、报警器及设在终端控制室的报警控制主机等构成。在布防状态下，一旦有以非正常方式企图跨越围墙，就会立即发出警报。

利用物联网技术建立的重点区域的门禁系统，也可以保护高校设备、人员的安全。当安全系统受到危险警告时，可以对人员进行预警或关闭门禁系统，从而对高校的安全起到了良好的监管作用。

4. 物联网在高校信息化建设中的优势

综合物联网在高校信息化建设中的应用，总结出物联网在高校信息化建设的优势如下：

第一，增加了师生之间的交流与互动，让教师及时掌握了教学进度和难易程度，从而提高高校教学质量。

第二，建立高校智能图书馆，不仅提高了高校服务效率，还丰富了高校图书馆文献资料，为高校提升教育质量提供了良好的学习、信息环境。

第三，方便对学生的日常教学管理，不仅对设备进行有效、合理的管理，并且节约了高校的运行经费，使我国高校变得更加安全。

第二节　信息化思维下高校学生管理创新基本思路

随着科技的进步，在 4G、5G 网络进一步普及、智能手机和无线网络持续发展的背景下，在调研中高校在校生基本上都使用了智能手机，电脑终端在校园、宿舍都能够方便地使用。新媒体促进了博客、微博、微信、播客、QQ、人人网、BBS、手机短信等平台的广泛普及，成为公众交流信息、表达意见的自由论坛，成为社会交往的大舞台，创建了一种全新的信息传播环境。信息渠道的畅通，导致每时每刻发生的事情，都可能在第一时间传播于大学生之间，无处不在、无时不有的网络信息的存在，深刻地影响着大学生的思想与成长，也改变着践行社会主义核心价值观与传统教育管理的环境与方式。应对这一新的形势，需要从理论上研究信息化时代践行社会主义核心价值观的新要求，在实践上探索教育创新之策，扬新媒体之利，避新媒体之弊，更好地为教育管理创新服务，促进大学生在教育、管理、服务中得到更健康更全面的成长。

一、信息化思维在高校大学生教育管理中的优势

(一)借助信息化，发挥社会主义核心价值观的引领作用

社会主义核心价值观是中华民族精神与意志在信息化时代的生动展现，既是社会主义意识形态在本质上的体现，也是全党全国各族人民团结奋斗的共同思想基础。它为教育管理创新提供了有效的载体与途径，突破了教育管理工作在内容上整齐划一、在层次上不明晰的问题，实现了教育管理工作内容系统化、表述规范化、内涵明确化、体系稳定化。中国高等院校培养的是社会主义现代化建设事业的合格建设者和接班人，这是育人为本的内

在含义。而在教育管理中，借助信息化的优势，充分培养和践行社会主义核心价值观，引领大学生健康成长，是坚持德育为先的首要原则。

高校坚持"育人为本、德育为先"的教育理念，就是要解决"依靠什么"来"培养什么人""怎样培养人"的重大问题。借助新媒体这一信息平台，在潜移默化中将社会主义核心价值观内化为大学生的价值观念，从而转化为大学生的价值追求。培养社会主义现代化建设人才，就要坚持社会主义核心价值观，用中国特色社会主义共同理想凝聚建设者的力量，用以爱国主义为核心的民族精神和以改革创新为核心的时代精神鼓舞建设者，用社会主义荣辱观引领社会道德风尚，巩固全党全国各族人民团结奋斗的共同思想基础。在大学生群体中培养和践行社会主义核心价值观，是建设社会主义强国、实现民族伟大复兴所赋予的历史使命。这就需要充分发挥各种教育载体特别是新媒体的作用，采用喜闻乐见的信息发布形式，激发学习兴趣，形成教育合力，增强教育效果。促进大学生身心健康发展。

（二）运用信息化，构建践行社会主义核心价值观的有效载体

在新媒体时代，发挥新媒体信息化的优势做好大学生教育管理工作，培育和践行社会主义核心价值观，用社会主义核心价值观指导对大学生的教育，不断提高大学生的文化素质与理论水平，把他们培养成中国特色社会主义事业的合格建设者和接班人。而如何运用新媒体发挥信息化的长处是当前必须面对的富有挑战性的任务，利用青年大学生对新媒体熟悉、对信息接受反应快的特点，发挥信息化在践行社会主义核心价值观过程中的积极作用。

随着时代的发展，信息的爆炸性呈现，面对青年大学生的成长特点，传统的教育管理方法已经不适应当前大学生的心理发展、道德养成、行为模式等方面的变化。新媒体拓展了教育的新平台，大学生几乎人人拥有智能手机，大多数也拥有了电脑，新媒体强大的信息传播与承载功能，在教育者与受教育者之间构成了更便捷、畅通的渠道。新媒体提供了教育管理的新方式，可以通过开展形式多样的网络互动与对话活动，宣传社会主义核心价值观，了解大学生的思想动态，答疑解惑，在舆论导向上进行正确的引领。新媒体提高了大学生教育管理的针对性和有效性。新媒体的网络平台因其虚拟性，有利于交流者敞开心扉，倾听相互的观点与诉求，提供了从侧面了解相互之间真实想法的机会，能够有针对性地加以引导与沟通，从而提高教育管理的有效性。在新媒体平台上，人们可以进行信息交流，发布或获取各种信息、资料、图片、视频，开放性地向更多的人传播自己所思、所见、所想，形成自由开放的信息传播空间。新媒体在信息传播主体上具有多元性、平等性。信息传播主体由一元发展为多元体现出泛化的倾向，实现了"所有人向所有人"的社会化平等性传播，处在不同社会群体和社会阶层中的人都能通过新媒体发出自己的声音，所有的人变成平等的"信息人"，作为新媒体使用主力军的大学生更在信息交流中占据主体地

位。新媒体作为信息科技手段，在方便大学生学习生活的同时，也表现出传播信息的多元性与复杂性。由于信息传播自由导致各类信息无所不包、庞杂多样、异彩纷呈。既有正面的信息，也混杂着不少"黄色""灰色""黑色"的负面信息，呈现出价值多元、意识模糊、是非难分等情形，让涉世不深的大学生面对海量的信息难以有效选择，有时会迷失在信息海洋中，即使受到不良影响也很难察觉。因此，有必要教给大学生学会辩证地观察与分析各类信息，同时对新媒体的信息化形式加以创新运用，发挥信息化在大学生教育管理中的作用。

（三）开拓信息化渠道，发挥新媒体在教育管理创新中的功用

要想促进学生信息化管理创新，必须借助新媒体的力量，把抽象的观念具体化、大众化，还要实现学生思想管理和社会主义核心价值观的有效结合，在明确教育管理理念的基础上，将新媒体应用到学生学习的各个方面，并通过推动社会实践，开展多样化的主题活动，开展大量的志愿活动，提升学生的自身修养，使其外化为大学生的自觉行动，规范学生的自身行为，促进学生全面发展。

1. 构建大学生教育管理的信息化宣传平台

围绕立德树人的根本任务构建网络信息平台，建设培育和践行社会主义核心价值观的信息化阵地。大学生教育工作，要主动占领网络教育新阵地，加强网络教育队伍建设，形成网络教育工作体系，牢牢把握网络教育的主动权。在大学生群体中运用新媒体践行社会主义核心价值观加强理论素质教育，必须要建立足够多的网络信息宣传平台，拥有足够多的信息宣传渠道，用社会主义核心价值观占领网络信息阵地。在当前信息化时代，各种文化、思潮、观点、言论、诱惑汹涌而来，突破了传统意义上的校园围墙，各种不同的价值观、各种异质的文化都在全时空、全方位地推销各自的思想和价值取向。"近朱者赤，近墨者黑"，长时间地接触这些信息的大学生往往在潜移默化中受影响，在不知不觉中改变了原有的理想信念，对大学生社会主义核心价值观的培育带来负面的影响。

高校与相关主流网站应融合社会主义核心价值观，充分运用信息化的形式，加强对大学生的教育，注重在网页建设中贴近大学生的思想、生活、情感与实际，坚持唱响社会主义主旋律，用中国特色社会主义理论体系引领网络舆论阵地。坚持网上时时有党的声音，坚持用社会主义核心价值观引导学生，避免空洞的说教与灌输，充分依靠学校宣传部门、现代教育技术中心、专职教师、辅导员、班主任等的技术与学科优势，动员各系部、党支部、社团、班级和全体大学生的积极参与建设，设置大学生喜欢关注的文化、艺术、生活、服务等相关栏目，把学校的主流网站建成集教育教学、宣传栏，学术论坛、院报、校刊、社团论坛、后勤服务等功能于一体的综合性平台。建立党支部、团支部、班级等组织的 QQ 群、微博、微信群、人人网、朋友圈等。在宣传教育服务的同时融入社会主义核心

价值观，在服务大学生的同时注重社会主义核心价值观的引领与践行，贴近学生，增强网站的吸引力与影响力，激发大学生访问、交流、参与网站建设的兴趣，逐步吸引大学生把浏览主流网站、参与互动交流作为用手机、电脑上网的首要选择，用网络凝聚大学生对学校的感情、对老师与同学的亲情，在互动交流中培养并践行社会主义核心价值观。

2. 建立大学生教育管理的交流平台

信息化的有效运用，需要构建培养和践行社会主义核心价值观平台，运用新媒体进行深入交流，发挥信息交流平台的宣传与引导效用。教育管理工作者需要树立大学生在信息化环境下教育管理的新理念，调整教育管理工作创新思路，并与传统的有效的教育管理方式有机结合起来，形成相互配合、互相补充的新方式，把握大学生教育管理信息化的主动权。积极探索在信息化背景下，大学生教育管理的新特点、新规律和可能出现的新问题，针对这些新情况，深入分析问题产生的外部的、内在的原因，找到根源，寻求解决的办法，在解决问题的过程中促进大学生全面发展。主要通过网页搭建师生信息互动交流平台，建立党支部、团支部、班级等组织的 QQ 群、微博、微信群、人人网、朋友圈、贴吧等，辅导员、班主任建立工作博客，将个人的工作日志、邮箱、微信、微博，QQ 等以博客网页的形式提供给学生，形成交流的圈子，构建集教育、管理、交流、服务于一体的网络信息园区，使其成为思想教育、网上学习、信息传播、交流沟通和管理服务的载体。在管理实践中，如有的大学生喜欢在 QQ 签名或者空间发表说说，表达自己的心情，也曾经有过大学生在签名中流露出负面想法的案例，细心的辅导员及时了解了这一情况，积极进行心理干预与疏导，避免了不良事件的发生。可见，教育管理工作者通过这些载体及时关注大学生对网络文化、网络动态、网络话语、网络心理、网络舆论的反应，针对性地做出解释、沟通、疏导，给大学生的学习、生活带来更多的指导与安慰，及时针对大学生的动态准确地了解学生真实的想法和存在的困难与疑惑，较好地实现与学生进行交流和沟通，并进行答疑解惑。

利用信息化平台，举行主题教育活动，结合价值观教育，普及社会主义核心价值观，弘扬社会主义、集体主义、爱国主义价值观等社会主义意识形态的主旋律，牢牢把握中华民族社会发展的历史规律和未来趋势，为实现中华民族和人民的根本利益、全局利益和长远利益而刻苦学习。在教育管理中，创新信息交流形式，结合具体的主题教育活动加以落实。在班级博客中结合着"中国梦·青春梦"进行征文比赛，面向全班同学结合中国梦畅想自己的青春梦，在展开民族伟大复兴憧憬的同时，放飞自己的远大理想，把握青春时光，立志成才，勤奋向上。在班级 QQ 群中，针对班级中存在的问题展开分析，及时褒奖先进，针对不足深入讨论，集思广益，找到裨补缺漏的办法，提高班级的凝聚力与进取心。在微信、微博、人人网上发表或者转载一些弘扬正能量的励志性文字，能够起到激励理想，唤醒进取心，受到人文熏陶的良好效果。通过运用新媒体进行交流学习的过程中，不断增强大学生的民族自尊心、自信心和自豪感，在潜移默化的熏陶中自觉调整和修正价值选择，引导大学生培养正确的健康人格和伦理道德，不断强化自身的价值追求和价值理想，在社会主义核心价值观的范畴内树立起自身的人生观、价值观，使个人的发展与民族的伟大复兴紧密联系在一起，树立长远的人生理想，并承担起自身的历史使命。

二、推进高校学生管理创新是形势发展的迫切需要

（一）推进高校学生管理创新是适应高等教育大众化发展的需要

近年来，我国高等教育步入快速发展的轨道，高等教育规模的迅速扩大，学生人数的成倍增长以及高校内部改革的逐步深化，尤其是学生生活社区化、弹性学分制的实行和班级概念的淡化，都不同程度、不同方面地影响着学生管理工作，并对高校学生管理工作提出了新的要求与挑战。高校学生管理工作只有积极创新，优化管理资源配置，才能适应大众化发展的要求。

（二）推进高校学生管理创新是加强和改进学生工作的内在需要

学生管理是以对学生的学习、生活、思想、行为等进行科学的教育引导的特殊管理活动。当前，社会生活方式多样化、思想观念多样化使学生的价值观念、生活方式都打下了深刻的时代烙印，尤其是互联网的发展和信息的多元化，对学生的学习、生活、思想观念产生了巨大的影响与冲击，而开放的教育背景，学生主体意识、民主法治意识的增强，使学生个性更加张扬，更加关注自我。在这种形势下，学生管理如果仍沿用传统封闭、单一的管理模式，将很难奏效，只有顺应时代潮流，尊重学生的个性与主体意识，以非常规的思维，进行管理理念、管理手段、管理模式的变革与创新，才能发挥其管理育人的价值。推进学生管理创新，既是加强和改进学生管理的内在需要，也是提高高等教育质量的迫切需要。

（三）推进高校学生管理创新是培养创新人才的需要

随着科学技术的不断发展和进步，要想满足社会对人才的需求，必须加大对高校学生的培养力度，培养出综合素质足够高的专业化人才。要想实现这个人才培养目标，必须加大教育创新和制度改革，不仅要创新教育管理观念，还要创新人才培养模式。在高校教育当中，学生信息化管理工作比较重要，也是培育人的主要方式，学生管理创新不仅是培养创新人才的需要，也是高校教育创新的主要内容之一。

三、开拓大学生管理工作的新思路

面对当代大学生中出现的新特点和存在的新问题，如何做好高校大学生的管理工作，培养出高素质的合格人才，已成为一些教育管理者研究的课题。以往单纯说教式的管理方式已不适应现代的发展要求，必须调整人们的工作方法，树立新的管理理念，开拓新的工作思路。

（一）注重情感教育

所谓情感教育，就是要求人们在日常管理工作中，要晓之以理、动之以情，以理服人、以情育人，理中有情、情中有理。首先，应该把学生当"人"管，而不能把学生当"物"来管；其次，在学生教育管理工作中，要以情感为基础，以教育为目的，寓情于教；再次，在教育管理过程中，要以情感为基础，以尊重为前提，因势利导，教育和管理学生，做好转化工作；最后，要以情感为动力，以舆论为导向，不失时机地赞扬、鼓励学生，培养学生高尚的道德情操。

（二）树立人本观念

1. 师生之间应树立平等意识

要想促进师生之间的良好交流和沟通，必须采取有效措施，改善师生关系，对于师生关系来说，对应的是平等的关系，是基于人格平等上的合作交流关系。在师生关系建立当中，必须凸显出学生的核心主体地位，教师要起到良好的引导作用，学生才是学习的主人。在开展具体的教学管理活动中，教师要让学生学会自我管理，不要进行过多的干预。

2. 要让规章制度充满人情味

制度建设是班级管理中的重要举措，但是制度的制定与实施，应适应不同班级的特点，符合大学生的年龄特征，而不能以检查、纠偏、惩罚为目的。

3. 教师要尊重学生的个性差异

针对素质教育来说，其核心是个性化教育，针对不同的学生来说，是存在一定差异性的，要想从根本上提升教学效率、保证教育成功，就必须尊重学生，采取个性化和专门化的教育方法，针对不同的学生，要采取相应的教学方法，通过加强个性化教育，可以为学生创设良好的学习环境和学习氛围，从根本上提升学生的思维创新能力。

4. 教师要树立"学生是发展中的人"的意识

在教育过程中，作为接受教育的一代青年学生，他们的身心发展与其他人有所不同，从他们的纵向成长和横向变化来看，都还处在不断发展的过程之中，具有极大的发展潜能。他们的发展，除了先天遗传因素外，往往与外界的环境、教育条件密切相关，无论生理方面还是心理方面都在学习过程中通过遗传、环境、教育的交互作用，逐步趋向成熟。这种成熟时而发展迅速，时而发展缓慢，呈波浪式前进。因此，作为教育者和管理者，就不能用对普遍人的标准去要求学生，更不能用凝固的观点去看待、指责他们，或是听任他们自由发展。相反，应该针对他们身心发展不同阶段的具体特点，加以引导。

5. 培养学生的责任意识

班级管理中的责任意识主要是指道德意识。一方面，要培养学生的道德观念意识；另一方面，又要教育学生存大义去自私，做一个有责任感的人。

（三）树立以学生为本的管理理念和全员参与的大教育管理观，是推进学生管理创新的前提

有什么样的教育观念，就有什么样的教育活动。推进学生管理创新，首先要树立切合学生特点，"以学生为本"的管理理念和全员参与的大教育管理观，这是学生管理创新的前提和先决条件。现代管理学认为，人是各种资源中最重要的资源，是管理中的首要要素。树立以学生为本的管理理念，就是要求管理者在管理的过程中，把学生看作管理的核心，一切工作以学生为中心展开，把关心学生、尊重学生、激励学生、解放学生、发展学生放在首位，最大限度地满足学生的需要，最充分地调动学生的主动性、积极性、创造性。具体而言，就是要求人们在学生管理的过程中，深入了解学生，认真研究学生的需求，把发展学生的综合素质和创新能力作为学生管理工作的出发点和落脚点。同时，在管理中充分发扬民主，发挥学生的主观能动性，让学生明白，学生既是管理的对象，又是管理的主体，提高学生自我管理、自我教育、自我服务的能力。全员参与是指高校学生管理工作主体的全员化。高校学生管理工作千头万绪，只靠政工干部"独家经营"难以完成。推进学生管理创新，要树立全员参与的大教育管理观，强化学校党政各部门和单位的育人、管理意识，充分调动学校内外各方力量和各方人员参与学生管理的积极性，建立起以学校学生工作部门与学生工作队伍为主体，校内各部门、教学人员、教辅人员、学生干部、社区管理人员齐抓共管，管理、教育、服务相结合，学校、家庭、社会相配合的全方位的学生管理新格局，从而形成管理合力。

（四）运用现代科学技术，构筑学生管理信息平台，推进学生管理手段创新

当前科学技术飞速发展，信息技术的进步和互联网的发展更是日新月异。随着高校校园网络化、数字化进程的加快和校园网的普及与发展，大学校园成为我国互联网用户最密集的区域，大学生已成为上网的最大群体之一。互联网已成为大学生们获取知识和各种信

息的重要渠道，并对他们的学习、生活、思想观念、行为方式、个体心理产生了深远的影响，给大学生教育管理带来了一系列革命性的挑战。作为管理者，必须学习掌握计算机应用技术，努力探索网络时代学生管理的新方法、新途径，创新学生管理手段，提高学生管理工作的信息化、科学化水平，只有这样，学生管理工作才有吸引力。

具体来说，一是要建立学生信息管理数据库。信息是管理活动不可或缺的资源，全面、详细地掌握学生的信息，是做好学生管理工作的必备条件。为此，从大学新生开学时起，就要开始收集、整理学生各方面的信息，比如建立新生录取信息数据库，做好学生登记表，学生家庭联系表，困难学生情况表等，同时将学生成绩、获奖情况、组织发展等学生发展的动态信息及时输入，进行加工、处理，制成电子档案，为的放矢地开展学生管理和教育奠定基础；二是建立学生管理服务平台。如通过学生工作专题网页、微博、博客、QQ群等形式建立学生管理服务平台，主动占领网络阵地。学生管理服务平台的内容要符合学生的生活、学习、思想需求，各种信息要贴近管理、贴近生活、服务教学。民主、开放、平等、互动的讨论与沟通，其受众面广，不受时空限制，可以改变过去以单向型为主的"你听我说"的教育管理模式，有利于激发学生的参与热情和主体意识，增强学生管理工作的亲和力。

（五）整合学生工作队伍，健全学生管理机构，推进学生管理运行机制创新

学生工作队伍是学生管理主体的主要力量，是学生管理活动的主要执行者。管理机构是管理主体的组成形式，是组织内部管理活动及其他活动有序化的支撑体系。整合学生工作队伍，健全学生管理机构是学生管理资源有效配置的重要方式，是推进学生管理运行机制创新的有效举措。从目前高校的情况来看，学生管理队伍一般是由校党委副书记、党委学生工作部管理人员和学院党委副书记以及辅导员组成，辅导员、班主任是学生管理工作的中坚力量，其执行力直接体现学生管理工作的水平。学校要根据辅导员队伍专业化发展的方向，进一步整合学生工作队伍，构建高起点的工作平台，从根本上扭转学生工作的临时思想和应付思想。同时要从政策上如职称评定、进修深造、年终考评等多方面加大对辅导员、班主任工作的激励保障，使学生工作岗位真正成为对教师有吸引力和价值感的"终生"工作岗位。在学生管理机构上，一般由党委学生工作部门和学院党委学生工作办公室组成，由党委学生工作部门统领学校的学生工作，作为学生管理的基层单位，要直接面向广大学生，要将成百上千学生的管理工作做细致，还必须有更加健全的机构和网络去实施管理活动。在实际工作当中，高校可根据学生管理工作内容、学生规模、辅导员配置的情况，建立由副书记、辅导员、班主任（助理班主任）、学生干部组成的学生管理队伍，学院（党校、团委、学生会、科技联合会、心灵家园）—年级（党支部、团总支、学生分会）—

班级(团支部、班委)—宿舍四个层级的学生管理机构。副书记负责学生管理全面工作，辅导员实行分年级管理，团委、学生会、科技联合会等学生组织由不同辅导员分工负责，班主任和助理班主任负责班级管理具体事务，学生干部带头并负责做好学生的组织管理和其自我管理。在这种纵横交错的运行机制下，学生管理者实行对组织机构的直接管理，管理目标明确，职责清晰，同时将年级辅导员、班主任(助理班主任)、年级学生干部力量整合，便于对所管辖年级的学生动态与信息做全面的沟通与交流，便于对学生管理工作进行协商与探讨，有利于形成学生管理合力，进行精细化管理，增强管理效果。

（六）建立以学校为主体，社区为依托，家庭为配合的立体互动的学生管理体系，推进学生管理模式创新

高校学生管理，就是通过制订一系列规章制度、行为规范、管理措施等，对学生思想和行为进行科学的引导和制约，是管理者有意识、有目的地使大学生健康成长、顺利成才的活动。而高校学生的思想和行为是多维因素综合影响的结果，所以对高校学生的管理应该是多维主体共同实施管理活动的过程。在多维主体中，学校是高校学生管理的主体，社区是学生管理的重要依托，家庭是学生管理的重要合作者。

1. 学校是学生接受教育的重要场所

对于学校规章制度以及相关管理方法来说，是可以对学生学习行为起到导向作用的，在具体的高校学生管理当中，必须在结合学生思想特征和实际情况的基础上，明确科学合理的人才培养目标，还要在结合学生身心发展规律的基础上，实现刚性管理和柔性管理的有效结合，凸显出思想教育的激励价值，营造出良好的教育管理氛围。

2. 社区是学生管理工作的重要依托，是学生管理工作组织机构的重要组成部分

学生社区既是学生生活、人际交往、娱乐的重要区域，也是学生学习和社会工作的重要场所，尤其是随着大学城和公寓化等大型学生社区的兴起，社区对学生思想观念、价值观念的影响将更为广泛、深刻。目前，很多学校在学生社区成立了公寓管理中心，使学生社区不致成为学生管理的"真空"和"盲区"，拓宽了学生管理的空间。学生社区管理中心在加强宿舍管理、营造社区的文化氛围方面起到了积极的作用。学院和学校职能部门、基层学生管理者必须重视加强与公寓管理中心的沟通与互动，将学生社区管理过程中存在的问题和出现的情况、学生思想动态进行及时交流、反馈、协调，共同研究解决，防止出现社区和学生管理组织机构互相推诿、牵扯或"两张皮"的现象，增强管理效力。

3. 家庭是社会的细胞，是高校学生管理体系中不可分割的一部分

要想加强高校学生信息化管理，还需要学生家长的配合，高校教师必须加强和学生家长的交流沟通，创新并完善学生家长联系制度。比如有的家长在与教师电话联系的同时，

还发邮件或登录学校有关网站留言反馈学生的信息，交流教育经验，为推动学生管理起到了积极的作用。通过严格遵循学生家长联系制度和标准，可以从根本上促进高校学生管理工作的有效落实，还可以扩大学生管理方法的应用范围，从根本上优化学生管理效果。高校学生管理创新工作难度是比较大的，针对高校学生管理人员，必须在结合信息化思维特点的基础上，不断创新和完善学生管理方法，还要及时了解学生管理变化情况，从根本上推进学生管理创新。

第三节　信息化思维下高校学生管理创新方法

一、思想理念创新

高校学生管理工作创新的基础和前提是理念创新。理念是高度凝结的集体式智慧，核心是自主创新能力，既强调外在显性理念，还强调潜在的隐性理念。高校学生管理工作的创新，要让学生管理工作人员都能够与时俱进，及时更新个人理念，形成创新高校学生管理事务，提升管理工作效率的新理念。更新高校学生管理创新理念的具体途径有：

（一）领导者要有与时俱进，以人为本的理念

高校的信息化建设是一项需要消耗巨大人力、物力和财力的工程，同样也是牵扯到多个职能部门和一线人员的工程。因此，高校的学生管理信息化项目在实施前必须要经过一个科学合理的规划，同样也需要高校领导者对信息化的趋势有一个清醒的认识，对时代的浪潮有正确的眼光，能够紧跟时代的步伐，大局观念强，能够花大力气对高校信息化建设的规划和部署进行严格把关。领导要能主动自觉地学习先进的信息化理论，能做到从自身做起，统揽全局，高瞻远瞩，全盘规划。同时，还应该在充分调研论证的基础上制订出适合自己学校的信息化建设方案和长远目标。现在许多高校提出了建立专门的校级信息化管理机构，为了能使信息化发展统筹规划、集中建设，也为了让大家对学校办学目标、策略能够有个透彻的理解，很多高校在信息化建设过程中还设立了全程负责校园信息化建设的首席信息官。这些事例都反映了信息化建设的成功需要加强领导者的理念建设，信息化建设需同样具有先进理念的领导者。最后，领导干部需要有"以人为本"的理念，必须从源头上重视高校学生信息化的服务宗旨，同时可以使用目标管理和过程激励的方法，保证全员参与到信息化建设中来。在开展信息化建设时应加强系统动力学理论的应用，运用项目管理思维进行建设管理，主旨是将学生管理信息化的过程当作一个具体项目来运作，从管理

系统的整体出发决定信息管理资源的配置和平衡，有利于学生工作管理能力的整体最优化，能够进一步提高学生管理工作的效率，对高校学生管理工作有较强的指导意义。

(二)管理人员应着重培养服务意识，养成自觉利用信息化办公平台的理念

校园的信息化系统是为高校所有人服务的，同样高校管理人员也是校园信息化系统使用的重要主体，而采用网上办公是高校教师参与信息化建设的一个重要手段。高校管理人员应该加强自身服务意识的培养，在使用信息化办公系统时能够从服务的层面提出相应的意见和建议，以加强对信息化系统的进一步改善。同样，由于我国多数高校的管理人员不同于教师阶层，他们来源于很多不同的专业，许多非计算机或信息化相关专业的人员信息化水平较低，因此，信息系统的使用对他们而言有时候会出现不同程度的问题，他们仍然习惯于按传统的手工模式进行日常办公。所以，高校应该在信息化建设的同时加强对学生管理工作人员的教育和培训，引导他们积极养成自觉利用信息化平台的理念。而管理人员本身则要在观念上加强对信息化的理解，在理念上要跟上学校和社会信息化的步伐。高校要通过培养管理人员的信息化意识，使其能够在轻松使用信息化系统的基础上实现成本的节约和效率的提高。

(三)学生要充分理解信息化带来的便利，积极使用信息化系统

现代化信息手段的应用不但使学生的学习效率有了大幅的提升，而且使学生在学习和生活上有了更大的自主性和灵活性。当前很多高校都实行了校园一卡通，像银行卡一样大小的信息卡片集合了学生证、门禁卡、饭卡、借书卡等一系列与学生密切相关的信息，给学生提供了极大的便利。同样，大量信息终端的设立也使学生传统的学习生活中融入了大量的信息化内容，虽然在某种程度上对学生信息化素养的要求有所提升，但是其所带来的优势则不言而喻。在现实生活中，学生乐于接受新事物的特性也让学生更加热衷于信息化产品的使用，但是由于高校学生自身的心理和性格特征，高校还是要在加强学生信息化素养的培养、信息化资源开发和使用上给予必要的引导，使他们能对不良的上网习惯和网上诱惑提升免疫力，保证信息化能够成为学生学习和生活的重要工具。

(四)技术人员在加强服务意识的同时也要树立合作的意识

高校信息技术人员在高校信息化的建设和维护中发挥着主导作用，因此高校应该确保管理和维护专业技术人员能紧跟科技发展的步伐。由于专业的原因，很多高校信息技术人员工作的出发点往往只停留在技术层面，很难对各部门实际的需求有一个很好的把握。因此，高校信息化技术人员应该与一般技术人员不同，高校要努力培养他们的服务意识。前

期调研时，要通过对学生、行政管理人员和其他管理人员的交流，了解不同人员的信息化需求。在信息化产品使用过程中，信息化技术人员也要对产品有一个清晰的把握，以求根据学校的实际情况，加强信息化产品的创新性和务实性，从技术层面和实际应用的需要对信息化进行相应的设计和建设。切实树立信息化建设是"三分重建设，七分重管理和维护"的理念。

在高校学生信息化管理当中，还要严格遵循"以人为本"的原则，要做到关爱学生和保护学生，促进学生的个性发展，从根本上提升学生的独立思考能力，加大对学生全面发展以及学习需求的关注度，旨在促进学生健康成长和高校学习。

信息技术提供的自动化功能和通信功能，有助于构建各类管理应用系统，提高管理的效率。信息技术强大的通信和交互功能，有助于畅通与学生沟通的渠道。借助信息技术构建各类应用平台，开展管理机制创新和应用，可以不断提升学生管理和服务水平，让网络成为传承人类道德普遍价值的新手段。高校要重视网络平台的建设，开展以人类道德普遍价值教育为主题的网上论坛、网上交流、网上辩论赛、网上教学等活动，通过大家的相互交流、对话和积极渗透，倡导积极、健康、文明、进步的价值观，不断改进和提升网络平台，强化民族精神，增强网络的宣传力和影响力。

二、组织结构创新

创新高校学生管理组织结构是信息化背景下高校发展的有效动力。高校学生管理信息化不是在现有的基础上增加了计算机，添加了多媒体设备或是管理信息系统等软件，更多的应该是按照现代大学管理理念对高校学生管理的各个环节和各种资源的优化重组，在重新进行科学定位的基础上，进行信息流程的合理设计，以保证各种信息资源能够在网络环境下得到及时、准确、高效地传输，从而满足各项管理工作的需要。因此，要推进高校学生管理的信息化，就必须在原有的组织结构上进行新的设计。

(一)建立高效的学生管理信息化组织结构

高校信息化建设中成立信息化工作领导小组或者委员会，设置首席信息官职位，并在校一把手的直接领导下具体负责校园信息化建设的体制是目前高校信息化建设所推崇的。在具体实施中，学校信息政策、标准由首席信息官负责制订并对全校信息资源进行管理、协调校内各个职能部门和行政管理人员，从管理的层面有意识地选择和使用信息技术，通过对筛选后的信息资源进行进一步筛选和挖掘以实现对数据的有效利用。首席信息官结构的信息化组织体制，在促进高校学生管理体制的变革和学校专业结构的调整与重组，提升高校的管理决策水平层面发挥着积极的作用。在调整信息化组织结构的同时，还要对学校信息化领导小组的组织体制进一步完善。在高校进行信息化的建设进程中，信息化领导小组作为全校信息化建设的授权委托机构，有着管理和规划各职能部门的行政管理人员以及各院系的师生的作用，信息化办公室作为信息化领导小组的实际职能部门同样既是信息化校园的用户和服务对象，也是信息化校园的服务提供者，并代表各自所属实体维持整个校园信息系统的运作。

（二）优化学生管理体制

1. 目前高校学生工作组织的主要结构

（1）直线型层级结构

目前，我国众多高校的学生工作组织结构主要是校与院（系）两级管理和条块结合运行机制的直线型层级结构。直线型层级结构依靠迅速决策，灵活指挥，让决策层能够快速控制相关的职能部门和院（系），进而整合校内各种资源，推进学校全局工作的开展。这些优势让直线型层级结构体制仍然广泛应用于高校学生管理中，但是其管理过程中多层领导条状分割，职能内容交叉重叠，沟通协调困难等问题也是显而易见的，如高校学生军训工作多由保卫处、资产管理处、学生处、院系等多个部门参与，需要很大的横向协调性，如果在工作的开展中不能进行专业化的指导，那么很容易造成非整个军训工作的领导不出面负责，而应该负责的领导又不出面的两难境地。同样，不难看出，直线型层级结构组织跨度很大，致使院（系）的党政领导很难完全掌握所有的学生工作。一方面，与教学、科研的重要性相比，学生管理工作往往游离于高校的中心工作之外；另一方面，目前高校学生工作的信息传递往往需经过学校党委、行政、学工部、团委、院（系）、辅导员、班级干部等流程，高校如果使用直线型层级结构的模式就很容易因为层级多致使信息不畅，更严重者容易导致信息传递障碍和信息失真。由于学生工作部门在党委的领导下负责辅导员的教育、考核、评价，但辅导员的用人权限却在院（系）。这一人事分离原因，很容易产生学生工作部门职能管事不能管人，而院系管人多于管事的人事分离现象。

（2）横向职能型结构

以一级管理体制和条状运行机制为特点的横向职能型结构管理模式目前仅在国内的少数高校实行，由于其只在学校一级层面进行学生工作管理机构的设置和权限分配，然后再根据分工由各个职能科室直接面向学生和学院社团组织开展工作，学生管理工作由学校直接面对学生开展和多头并进条状运行是其最大特点。同样，其所具备的管理扁平化、分工明确、组织跨度大等特点使其减少了管理层级，工作职能直接延伸到学生之中，横向协调也更加容易，指挥也更加灵活机动，致使决策者对管理的潜在影响增强。但是在这种组织结构下，高校学生工作人员往往会因为组织结构本身对专业化和管理层次的减少过分专注，致使工作的强度增加，心理压力增大。在工作负荷增大的情况下必然会导致学生管理工作人员的工作效率低下，而如果继续在院（系）一级保留辅导员制度，依然会使辅导员因为隶属关系不明确而产生工作职责不清晰的问题。

2. 网上业务协同矩阵管理结构是信息化背景下学生工作的有效组织形式

矩阵结构普遍化是目前国际著名大学组织结构取向的一大特点。目前，国内众多高校都在进行数字化、智能化校园的建设，高校学生和教师的信息化素养有了大幅度提高。高校很多职能部门也因为不满足于本部门的信息共享与业务协同，逐渐向跨处室、跨应用、跨职能的信息共享和业务协同方向迈进。学生工作出现跨越教务、后勤、财务等校园内部多个职能部门的网上事务处理和信息服务的现象也日渐增多。早在 2010 年的时候，很多学校学生在教务处进行学籍注册时，相关人员已经可以使用信息化手段通过相关信息系统到财务处验证是否已缴纳学费，以此来实现学生注册的快速服务。以往高校毕业生在办理离校手续时，手持纸质离校单要跑教务处、学生处、图书馆、后勤等十几个部门寻求盖章。通过使用毕业生离校系统跨部门业务协同，毕业生可以在网上实现毕业离校手续的办理。系统中使用工作流的方式，把负责学生离校的各个部门紧密联系在一起，学生通过网上提交申请，就可以快速地办理离校手续。在学年评优评奖中，奖学金等奖项的评定往往需要如成绩、德育等方面的综合要求，而通过教务处、学生处的协同工作，该问题很容易得到解决。在国内的高校中，很多高校都使用了校园一卡通系统，校园卡同时分别是学生证、图书证、门禁卡，往往由网络中心具体负责卡的制作和发行，相应的教职工和学生身份信息分别从学生处、教务处、人事处、保卫处等的数据库通过横向整合同步到校园一卡通系统，这样就可以使用一卡通系统实现校内多部门的信息共享和联合办公。

信息技术的应用可以为中国大学矩阵管理结构的建立提供支持并发挥促进作用。当然，由于目前中国大学信息化的发展尚需完善，高校要建立全校统一的信息系统以支持矩阵管理结构的形成还要经历很长一段时间。但是很多高校都已经通过设立一些新的部门和岗位，重组了业务流程，如成立信息化办公室作为推动信息化建设的综合协调机构。成立学生信息综合服务中心、一卡通管理中心等机构来促进信息化的进程，积极通过信息系统完成一些原来需要多个业务部门分别完成的工作。

(1)学校的信息化平台

应统筹学生处、教务处、就业指导中心、图书馆、校园卡管理中心、财务处和宿舍管理中心、心理咨询中心等与学生学习和生活密切联系的部门，合理规划平台的功能模块，并以统一的学生基本信息数据为基础建成学生电子档案库，将学生在校期间的学习、生活、获奖及获资助、违纪处分等各种基本信息包含在内。在实现功能发挥的同时，能综合反映学生在校期间的表现，体现学生在学习、奖惩和获得资助方面的真实情况，最终实现对学生综合素质的客观评价。统一的学生基本信息数据是实现平台数据统计的核心要素。

因此，要确保学生电子档案库中学生基本信息的统一。基本信息应包括学生的姓名、性别、出生年月、生源地、学习经历等一些固定不变的内容，也包括在校期间的家庭基本情况和家庭成员信息等可能发生变化的信息，还应包括学生奖学金及助学金的获得情况和实习、培训等需提交后由院系、学生处审核通过的信息。而数据的更新可根据学校的特殊情况，由学生在特定时间修改，相关部门进行审核。另外，该平台要通过其他设置附加一些功能以达到全面记录学生情况的要求，如一卡通消费情况、图书借阅情况和宿舍进出情况等，以便于进行调查统计分析。

（2）平台应具有数据收集和数据分析的功能

该平台的数据来源应直接、客观，适合用于调查统计分析。通过对相关数据进行统计分析，可以对学生在校期间的学习和生活等情况进行综合客观的评价。例如，将从校园卡管理中心中调取的学生消费信息与学生资助管理中心调取的贫困学生统计信息进行对比，可以帮助学校对贫困学生的情况核实与监督，对补助发放进行相应调整。将从图书馆调取学生的借阅记录、进出记录与从教务处调取的学生成绩进行相关对比，对促进学生加强课外阅读和学术研究做出有效分析，对学生的就业信息进行统计，然后与学生在校期间的情况进行对比分析，为如何提高学生综合素质和就业能力提出相对客观的建议。同时通过对部门之间相关数据进行交叉对比，了解学校在教学管理、其他学生事务管理过程中存在的问题，进而对学生工作和教学管理提出建设性的意见。如果平台的规划不合理，那么信息化平台运行将会十分混乱，信息化管理也无从谈起，推动学校的学生工作发展则是奢谈。

（3）关注平台的权限分配

权限分配可以采取给予角色分配权限的模式，对不同部门的工作人员根据职务和工作内容分配不同级别、不同内容的操作权限，以达到对每个操作环节的细化，提高系统的安全操作。该学生管理系统应支持学生事务管理部门的工作人员、班级辅导员和学生本人使用，同时也可为其他部门人员设置相应的查阅权限，以便于了解学生的学习和生活情况。同样，"只有拥有用户管理权限的辅导员、学生处、教务处、财务处、团委等才有权对其相关信息进行修改。"

三、业务流程创新

国外一位管理大师于1990年提出了业务流程重组（BPR）这个企业管理理论。该理论一提出就得到了社会的广泛重视，国外一些大企业在通过实施业务流程重组获得重大成果后，企业界也都纷纷以它为提升自身竞争优势的重要战略手段。根据定义，业务流程重组就是对企业的业务流程进行根本性再思考和再设计，从而获得在成本、质量、服务和速度等方面业绩的戏剧性改善。借鉴企业的业务流程重组，高校学生管理流程重组可以定义为通过对大学现有学生管理的业务流程进行根本性的再思考和彻底性的再设计，以实现大学整体管理水平和办学效益的显著提高。我国高校的中心任务是培养人才，高校学生事务也是高校最重要的业务。在高校的业务运作中，学生报到注册、学生学籍管理、学生就业实习、学生心理辅导等基于学生事务的业务通常需要互相关联的多个部门共同参与。如在新生报到业务中，各院系、财务处、学生处、资产管理处、保卫处以及信息中心等部门都是相关部门，也都需要在该业务中参与相关工作，因此，如果这些部门能够联合协同办公，那学生的报到手续也会有所简化。目前，高校学生事务的处理水平已经成为体现高校办学水平和管理水平的重要标志，学生业务需求也因为教育信息化的广泛开展而更趋多元与复杂化，所以对学生事务的业务流程进行根本性的再思考和彻底性的再设计，使得高校学生事务的特定需求和信息化建设的实际，学生和学生工作人员的工作实际相符就显得尤为重要。高校学生管理信息化环境下，要求教务、财务、保卫等各学生管理职能部门之间进行最大限度的协作，以求实现对学生管理的创新型改进，因此高校学生管理信息化就是一种基于流程的管理形态。如今，高校要实现信息化背景下的学生管理业务流程创新，应该要分析原有学生管理流程的不足，坚持以优化学生管理流程为中心，摒弃以前以职能为导向的管理理念，对传统的学生管理流程模式中分离的部分整合、相似的部分合并、多余的部分铲除，以求实现学生管理的高效与便捷。

（一）传统学生管理流程的不足

目前高校传统的学生管理模式在信息化大环境下主要存在着以下几个不足：

第一，整个管理因为流程的复杂致使工作效率低下。目前高校现有的学生管理模式以金字塔式的"科层制"组织结构居多，该结构存在管理层次过多，反应速度缓慢，工作手续过多等不足，各部门之间的矛盾与摩擦也往往使用不断开会的形式加以解决，工作效率不高。

第二，由于学生管理流程仍然以传统的手工方式居多，信息化手段少，致使整个工作过程缺乏透明度，监督效果也不足。

第三，学校辅导员在收集学生信息资料时，往往存在大量的重复性劳动，如保卫处统计的信息很容易跟学生处要求统计的信息类似，因此同样工作再做一遍无疑会增加辅导员的工作负担。

第四，目前高校往往各个职能处室各自为政，致使信息的传输不够畅通，不能及时共享，资源不能协同，其业务也很难进行整合，信息技术的效能没有在高校学生管理中充分发挥出来。

（二）对传统学生管理流程的改进

1. 要在信息平台下实现组织结构扁平化

高校学生管理首先要在经过充分调研论证的基础上，建立便捷和高效的管理业务流程，通过缩小管理层级，使组织变"扁"变"瘦"，以求达到扩大管理幅度的同时缩小学校领导与师生之间的距离，从而实现组织结构扁平化的目的。其次，要建立流程型组织结构，流程型的组织是以任务和目标为导向，以各种核心流程为基础，围绕一系列核心业务流程进行人员和组织结构配置的一种组织模式，它改变了职能分配式的工作安排方式，加强了各职能部门之间的联系，促使信息流和资源流在学校内部顺畅流动，让各部门的资源和工作优势得以充分发挥。例如在原来的学生管理模式下，校领导如果要了解某个学生的基本情况，往往需要通过下面多个部门集体收集资料，然后再逐级上报，而在信息化模式下，校领导可以跨越职能部门的限制，通过信息化的网络平台直接获取所需要的信息，这样校领导不仅能在最短的时间内获取自己所需的信息，还大大减少了信息在传递过程中的失误甚至失真的可能性。

2. 要在现代信息技术的网络化基础上构建协同管理的平台

高校学生管理工作是一项繁琐的系统工程，信息技术作为学校实现管理优化的一个重要手段，如果能够建立一个整合业务的协同管理平台，在这个平台里，能够实现对任意来源、结构的信息都可以得到统一的管理和个性化的使用，那么就能够打破原有部门之间的信息垄断，对各种信息资源进行整合利用，从而推动信息资源的共享。现在，很多高校都已经迈入数字化、智能化校园的大门，它们利用先进的计算机技术、网络通讯技术对学校学生管理和生活服务等所有信息资源进行全面的数字化。以数字化的信息管理方式和沟通传播方式推动学校实现教育信息化、决策科学化和管理规范化。

3. 对相关业务进行集成，简化业务流程

对传统分散的业务流程按照优化、顺畅、高效的目标进行重组和再造是进行组织结构改造和建立协同管理平台之后的重要步骤，其手段包括对不必要的活动任务进行清除、整合任务、简化程序和自动化。对现有学校管理的流程进行进一步的改进。通过保障信息只从源头一次获取，使流程具有更高效率和准确性；通过尽可能减少教师和学生为某事反复接触办事人员实现功能和部门集成；通过把类似的活动整合集成实现任务集成。集成任务后的工作是要建立将一项事务的多个步骤、多个部门、多个环节整合在一起综合业务流程。如对现有的各类学生信息进行归类利用，用信息的公开化取代传统垂直管理中负责上传下达信息的中间层，用计算机信息化的处理方式取代传统学生管理人员手工的统计、登记工作，将学生管理人员的主要精力放在对信息的加工和进一步深化利用上，这样解决问题的速度比以前以流水线为基础的业务流程更加快捷。又如在年度助学金等级的审核与发放工作中，只需在学生管理信息系统中提前设置好评定条件，由计算机统一进行审核确定助学金等级和相应的发放金额。这样既避免了传统模式下人工审核的繁琐，同时也可以节省大量时间。

（三）学生管理信息化流程设计

高校学生管理流程是指学生管理活动中一系列相互关联行为的序列结构，它反映了在某种活动目标的导向下，这些活动的先后顺序、承转关系，制约、推进和输入输出的客观规律。基于管理流程的最优化原则，按照流程再造的步骤要重新思考，即对传统的管理理念、管理方法、管理手段及管理过程提出质疑，由过去简单照搬其他类型学校的管理模式转变为以学生为中心的管理模式，以全面服务于学生、满足学生各级各类学习需求为管理的最高宗旨，从而找出更简单、更有效、更科学、更先进的解决办法。

四、管理手段创新

（一）适应发展需求，革新管理方式

信息技术的快速发展，必然要求对原有的管理方式进行创新，要适应学生管理信息化的需求，对学生管理的方式进行新的转变。在学生管理信息化项目实施前，高校应设置信息化工作领导小组，兼顾目标管理、过程激励、项目管理及系统动力理论，运用项目管理系统的观点、方法和理论，对项目涉及的全部工作进行有效地管理，以成功地达到预期的工作目标。信息化项目随着管理的需要而提出，必然在流程上、结构上体现管理的思路与方法，不同的管理体制需要不同的软件产品来适应。因此，在高校学生管理信息化项目的推进过程中，必然需要了解原有的管理方式，需要找出现行学生管理方式与软件产品的最佳结合点。其次，在后期的学生管理信息化过程中，高校学生管理一线人员要从封闭的局域性管理向开放式的网络化管理转变，由手工的定性单项管理向网络化的定量综合科学管理转变，高校学生管理一线工作人员应努力使用现代信息技术，大胆探索学生管理的新方式和新途径。

（二）抓好队伍建设，增强人员素质

万事"人"为先，人是任何管理工作中最关键的因素，管理成效很大程度上取决于人的素质。在信息化条件下，高校建立一支高质量的信息化学生管理工作人员队伍，是加强学生管理，完成人才培养任务的根本保证。高校学生管理工作者的队伍应该由专兼职结合、多层次的人员组成。这支队伍不仅应当具有较深厚的学生管理理论水平，而且又具有强烈的政治使命感和责任感，不仅应当具有实际的高校学生管理工作经验，而且又具有较熟练地使用网络技术和软件开发技术的能力与水平，还要具有新形势下学生管理工作的开拓和创新精神。首先，要建立一套与人才培养相适应的日臻完善的学生工作管理体制，理顺关系，分清职责，加强学校学生管理部门宏观管理和决策功能，充分发挥学生管理人员的主

观能动性。其次，要建立培训机制，根据队伍人员的素质、层次特点，实行交叉融合培训，让具有丰富的学生信息化管理经验的专门人才辅导一些新的学生管理工作一线人员，同样，要加强信息化理论的培训，让有着扎实计算机网络、软件基础的应用人才辅导其对信息化产品的使用，使高校学生管理者能提升其在学生管理与信息化管理优化组合的能力及网上操作的能力，确保高校学生信息化管理建设的深入进行。

（三）依托信息化平台，提升学生管理精细化程度

学生管理工作精细化，是指学生工作不仅要做好，更要做精、做细，精则精益求精，高标准，严要求，一丝不苟；细则细致入微，春风化雨，润物无声。要积极推进信息化技术在高校学生工作精细化管理中的应用，在推进学生管理工作整体高水平高质量发展的同时也要使用信息化技术追求学生个体个性的发展，促进学生的全面成才。信息化背景下学生工作精细化的工作出发点是以学生为根本，因此，在具体工作开展中应使用信息化手段注重个体指导，有效提高教育效果。但同时，学生工作精细化又是一种形式，一种目标和态度，学生工作精细化就像是农业生产的精耕细作一样，只不过对象换成了学生，手段也加入信息化技术。要达到精细化的学生工作就要充分利用信息化平台，做好学生教育工作的精细化、学生管理工作的精细化和学生服务工作的精细化。

（四）加强管理，完善信息化保护体系

信息系统安全等级保护是信息化保护系统的重要组成部分之一。高校学生管理信息化作为学生管理工作中的一项重要工程，其设置信息系统安全等级保护就显得尤为重要。首先，在具体实践过程中高校应该充分考虑网络信息安全问题，按需购买硬件设备及网络防火墙、入侵检查系统等设备。其次，在各信息系统的使用过程中应该设置严格的等级权限，给各个职能部门分配各系统的账号同样应该适合该部门的职能和权限要求，没有必要就不应该出现交叉重叠的权限，同时应该提醒各具有管理员权限的工作人员注意保护好账号的安全，以防泄漏。最后，应该制定规章制度保护信息的安全，对于因学校内部人员疏忽或者恶意入侵学校信息系统的人员应该予以严厉的处罚，同样，对于私自盗用系统账户的学生也应该加大惩罚的力度，以确保在主观意识上保证学生管理信息化的安全。

五、技术支持体系创新

（一）加大硬件方面的投入是实现学生管理工作信息化的必要条件

计算机、网络的配置是学生管理工作信息化建设的硬件基础，要想真正实现学生管理工作信息化，学校必须加大投入力度，完善信息系统的基础设施建设。高校学生管理信息

化也要求能够创新应用模式，积极加强新的信息技术的应用与尝试，试图以已建成的校园网为骨干，依托网络技术和各种信息化系统，重视信息化的实用性功能，整合自动办公系统、无线电信资源，借助网络以数据流的形式在各个角色之间流转与共享。同时，一方面应加大基础设施建设力度，这既要靠高校自身的资金投入，另一方面也要靠引入市场机制，通过与信息化企业的合作，全方位提升学生管理信息化水平。

（二）以数字校园、智慧校园为基础进一步推动学生管理信息化建设

国外一位大学教授及媒体实验室的创办人在书中深入浅出地讲解了信息技术的基本概念、趋势和应用、巨大的价值和数字时代的宏伟蓝图。在高校，数字化把高校的管理和教学带入一个全新的网络信息化时代，也给高校的学生工作带来了极大的便利。同样，近年来，随着信息技术，特别是信息高速公路的发展，世界各国都已大踏步地迈入网络化、信息化的大门，信息技术的发展和应用，极大地改变了人们的生活方式，也给各行各业带来了深刻的变革。与此同时，信息化的发展开启了智能化的时代。

（三）使用物联网及定位服务技术创新学生管理工作

保障高校学生安全是目前高校工作的重点，创建平安校园也是目前高校的一项重要任务。但是如何能够在最大限度地为学生提供服务的高校的日常管理中做到学生在校生活的安全，这是目前各高校迫切需要解决的问题。目前，物联网的应用在高校日渐增多，物联网能够借助无线数据通信技术完成对信息的收集，同时还能对搜集的数据进行进一步处理并发送给用户。在学生日常安全管理工作中，如果能够把相关感应器和识别设备置放在像教室、食堂、图书馆、寝室等学生活动的相关区域，那么一旦学生进入或者离开该区域，手机就会发出相应的信息提示或者警告，同样，如果在寝室里安装感应识别系统，那么晚上学生进出寝室就可以通过自己的一卡通实现楼层寝室门的开关工作，极大地便利了学生的日常生活。通过"物联网"，学生管理者可以通过随时掌握学生的准确位置和其他情况起到预防不安全事故发生的作用。学校也可以把射频识别读取器架设在教室、寝室门口、大楼入口处、走廊、图书馆和顶楼等地点，同时在每个学生的手机或者饭卡中安装射频识别标签。这样当学生离开寝室时，学生手机就会通过射频识别读取器提示今天上课要带哪些书，有哪些活动需要参与。物联网还能给学生的日常学习和生活提供便捷，如当学生到图书馆借书时，通过射频识别读取器，图书馆的门禁系统也会自动打开，这样不但加强了图书馆的安全，也同样给学生借书提供了方便。而基于位置服务是目前刚刚兴起的一项技术，据调查显示，所有受调查的学生都至少拥有一部手机，而且80.3%的学生所使用的手机为智能操作系统，这极大地给定位服务的应用奠定了物质基础。定位服务完全可以应用于学生日常的学习和生活，如果说物联网是被动地管理学生，那么定位服务完全可以为学

生管理工作的主动性提供便利。如上海某大学所开发的移动应用 APP 所具有的校园地图功能可以通过手机定位手机主人所在位置并且可以提供精确的导航服务。同样，该程序所具有的查找自习教室功能可以根据手机定位查找离手机主人最近的空自习教室位置，学生通过在手机上安装该 APP，很容易就可以根据程序显示的路径找到自己想去的空自习教室，极大地便利了学生的学习。

（四）使用新媒体加强学生思想政治教育

新媒体是在信息化和数字技术支撑体系下出现的媒体形态，其通过计算机网络、无线蜂窝网、卫星等媒介，给人们提供诸如数字报纸、数字杂志、手机短信、移动电视、网络、数字电影、触摸媒体等服务。根据一位新媒体学者所提供的信息，一般认为新媒体大致分为以下三种类型："第一，互联网媒体，指的是建立在互联网上的各种媒体形式，主要包括门户网站、博客、微博、网络媒体、网络广播、搜索引擎、虚拟社区等；第二，以手机为接收终端的媒体形式，如手机报、手机短信、手机电视以及手机上网功能；第三，以数字电视为基础的新媒体形式，主要包括车载移动电视、楼宇电视等。"如今以微博、微信为代表的新媒体由于其交互性、开放性及个性化的特点让人们所钟爱，尤其是高校的大学生更是早早加入到了使用微博、微信的行列之中。在新媒体时代，高校完全可以使用新媒体创新学生管理工作，使用新媒体积极探索新的工作方法促进学生管理工作的进步。

六、绩效评价体系创新

高校信息化全面评估中一系列相互联系、互相补充的指标所共同组成的统一整体构成了高校学生管理信息化绩效评价体系。高校信息化的绩效评价体系是验证高校信息化成效的重要手段，因此，评价体系的建立也应该在符合信息化的前提下贴近高校工作的实际。首先，要求高校学生管理信息化指标的设计要具有一定的目的性，能综合反映高校学生管理信息化建设和发展的现状，有利于制定和出台高校必要的政策和制度，能够整体推进各高校的学生管理信息化建设和发展，实现其导向性。其次，指标体系的建立在借鉴和吸收教育理论和信息理论的同时，也要能够遵循高等教育信息化的科学概念和理论体系。按照以上要求和信息化绩效评价理论要求及学生管理工作实际，高校学生管理信息化绩效评价指标体系可由以下几方面构成：

（一）战略地位评价指标

高校信息化的战略地位决定了信息化工作在学校工作中所处的地位，是高校信息化成功的前提，只有确定了高校信息化的战略地位，对信息化予以重视，才能保证信息化工作的资金来源，让高校信息化能够顺利进行。在信息化战略层面，一般认为信息化年度运营维护投资、信息化年度资金投入占学校总投入的比例、信息化投入经费增长率等三项指标能够反映和评价信息化的战略地位。信息化年度运营维护投资是学校对信息化的投入力度的反映，要想信息化取得成功就必须有明确的信息化规划和充足的预算资金。学校对信息化的实际投入情况则选用了信息化年度资金投入占学校总投入的比例和经费增长率来从静态层面和动态层面进行考察，学生管理信息化年度投入则包括硬件基础设施建设、管理信息系统开发与应用、人员培训等诸多与信息化建设相关方面的资金投入总额。

（二）基础设施评价指标

信息化基础设施是反映高校信息化水平的一个重要指标，也为信息资源的开发与应用提供了直接的平台。其主要包括个人电脑拥有率、校园网出口带宽、校园网覆盖率及学生管理信息系统的普及率。校园网出口带宽是信息传输、交换和资源共享的必要手段，也是反映学校通过网络与外界交换信息资源快慢的重要指标，其包括网络设备的规格、性能等内容，是基础设施的重要组成部分，校园网出口带宽指标可以随着网络技术的不断发展而调整其评估标准。个人电脑拥有率则可以简单地理解为在校师生计算机的拥有率。校园网覆盖率则表明学校内部网络的建设、推广情况。学生管理信息系统的普及率则主要是指各职能部门的业务情况与其信息化信息的使用比例。

（三）应用状况评价指标

基于网络及信息化的综合办公系统如财务、教务、学生管理、毕业离校以及招生与就业等各种管理信息系统的应用情况评价是高校学生管理信息化的重点，高校通过这些系统的应用能够集中体现高校信息化建设的成果和效益，也能极大地方便学校的教学、科研以及行政等各方面的工作。本文选用了其中最主要的各系统学生注册数、学生每日访问校内各信息系统的次数、学校主页平均每日访问次数、高校师生使用相关管理信息系统次数等指标来对应用状况进行综合评价。一般来说，高校使用的系统是有一定要求的，首先是必须使用经教育部指定或是相关认证的系统，其次对于已经通过教育主管部门的认证管理系统，学校可以根据使用的实际情况再进行二次开发，毕竟只有符合学校实际情况的系统才能更好地为学校服务。

（四）信息资源评价指标

学生管理信息资源是高校信息化的重要内容，信息资源的开发与利用也是高校学生管理信息化的核心步骤。对高校学生管理信息化而言，如果把高校学生管理信息化的各个层面进行对比，那么校园物理网络就可以比作是公路，各式各样的管理信息系统就可以比作车，而货物就是各种信息资源了。高校学生管理信息化是一项系统化的工作，高校学生管理信息化的目的不只是建设物理网络，也不仅仅是应用各种管理信息系统，只有将各种学生、教务等信息资源都收集整理成库，并让所有师生在可允许范围内共享才是高校学生管理信息化的目标。本文选取了学生信息的数量，各职能部门的信息数量两个层面进行评价，意在从学生和教师层面所需的信息资源入手，对高校学生管理的信息资源进行客观的评价。

（五）人力资源评价指标

人力资源通俗讲就是一种以人为载体的资源。人力资源是一切工作的基础，同样，在高校信息化过程中，确保"以人为本"的理念能够充分得到支持也是高校信息化成功的重要保障，这就要求高校把人才当作信息化取得成功的根本。对于人力资源评价指标，一般可以用一年内参加高校组织的信息化培训的人次、高校信息化建设部门规模（人数）和给学校提供技术支持和运行维护队伍规模（人数）这三个指标来具体衡量。信息化培训的人次是学校对学生和教职员工信息素养的培训情况的具体反映。高校信息化建设部门规模则是参与信息化建设的力量体现。给学校提供技术支持和运行维护队伍规模则在很大程度上反映了高校学生管理信息化的后勤保障机制是否健全。

（六）组织机构和管理评价指标

高校信息化组织机构和管理评价是高校学生管理信息化工作的组织、管理水平的主要评定依据。在实际生活中，针对组织机构和管理的评价主要是从在信息化建设中应用教育部的行业标准程度和执行明确的信息化安全的相关规范程度两个方面来考虑的。为了让战略地位和组织地位相辅相成，可以通过机构设置来考察信息化主管部门的职能及实际的执行情况。信息管理、网络管理和安全管理等方面措施的制定及实施情况则共同组成了规章制度层面的考察，他们是保障高校信息化有效运转的基础。高校是各种网络信息人才高度密集的地方，也是各种网络安全事故的高发地，为了充分考虑网络安全问题的响应和解决，高校必须建立完善的网络信息系统安全的响应机制和解决机制。

第三章
高校学生管理的理论基础

第一节　高校教育管理概述

一、高校教育管理的内容及本质

(一)教学管理的组织系统

教学管理组织系统是教学管理群体为共同目标的达成，利用权责分配、层级统属关系与团队精神构成的可以实现自我发展与调节的社会系统，用于解决谁管理与如何管理的问题。管理体制是指组织机构安排、隶属关系与权责规划等组织制度体系化建设。要想充分发挥教学管理组织功能，就要从根本上优化管理体制，促进组织结构的科学合理建设。管理系统属于结构性关系组织，是组织成员彼此行为关系构成的一个行为系统，更是一个随时代变迁而调整适应的生态化组织以及成员角色关系网。教学管理组织建设的根本目的是要构建全面科学的教学管理系统，构建质量管理系统与运行机制，更好地为广大师生以及教育教学工作提供助力。教学管理系统关注的是过程管理纵向系列与横向系列整合。纵向系列指高校、二级学院(部)、教学系部和教研室；横向系列包括教务部门、科研部门、学生管理部门、人事部门、政工部门、后勤保障部门等。要促进教学目标的达成，培育出更多优秀人才，必须确保两个系列得到有效协调。

要构建教学管理组织系统，保证该系统工作可以顺利高效地开展，灵活创新地运行，一定要打造高素质的教学管理队伍，明确机构设置，确定岗位责任。

(二)教学管理的本质

从本质角度上进行分析，教学管理是在高校系统中，以教学子系统为研究的管理对象，组织应用有限资源，科学安排教学过程，优化资源配置，提升教学效益。

（三）教学管理的基本任务和职能

从基本任务上看，教学管理需要严格遵照教育教学规律，搞好教学管理系统规划，运用现代科技和现代化管理方法对所有教学活动实施动态和目标性管理。与此同时，强调要发挥管理协调的巨大价值，调动各方参与的主动性，确保人才培养进程当中教学任务顺利完成。

教学管理职能主要是"决策、规划，组织、指导，控制、协调、评估、激励、研究、创新"，这些职能之间有交叉，同时也有着密切的内部关联，共同构成了一个有机整体。

（四）教学管理内容体系

教学管理本身是一个整体，教学管理内容体系，从多元化角度出发进行体系框架的表现。如果将教学管理职能作为划分标准的话，包含控制协调、评估激励、研究创新、决策规划、组织指导。从教学管理层面上进行分析，涵盖教学改革、教学建设与日常管理这几个部分。就教学管理、业务科学体系而言，可以归纳成四项，分别是教学计划、教学运行、教学行政管理、教学质量管理与评价。

1. 教学计划管理

人才培养方案是高校为了提升教育教学质量，确保培养规格的关键性文件，是安排教学活动，设置教学任务，维护有序教学编制的依据所在。教学计划是在教育部宏观指引之下，由高校组织专家自主制订完成的，所以每个高校拥有很大的自主权。教学计划在确定之后必须全面贯彻落实。教学计划管理的核心在于合理设计人才培养蓝图，要求高校在其中注入极大精力，开展基本调查研究，尤其是获知新的教育观点、教学内容、培养模式等方面。需要组织高校各学科专业的学术教学带头人、骨干教师先进行课程结构体系的研究。只有保证课程结构体系的优化与全面，将人才培养的总体规划进行有效定位，才能够为优秀毕业生的培育奠定坚实基础，其中特别要注意，在制订了教学计划后，必须严格贯彻，切忌随意、散乱。

2. 教学运行管理

教学管理基本在于利用规范化管理确保教育教学活动顺利有序地运转，提升教学水平。教学运行管理是围绕教学计划落实开展的教学过程与有关辅助工作的组织管理。教学过程指的是学生在教师引导下的认知过程，还有学生利用接受教学活动的方式，收获综合发展能力的过程。高校教学过程在组织管理方面的特征，最为明显的是：第一，大学生学习自主性与探究性特征明显。第二，坚实的基础学科教育基础上的专业教育拓展。第三，教学科研不断整合。以这些特点作为重要根据，做好教学过程的组织管理，特别要做好课程大纲的设置，设计组织管理内容、程序、规范要求等，以便对教学过程进行检验。

3. 教学行政管理

教学行政管理是高校、二级学院、教学系部等教学管理部门结合教育规律与高校规章行使管理方面的职权，对教学活动与有关辅助工作实施科学化组织、指挥、协调调度，确保教学稳定持续运转的协调过程。

4. 教学质量管理与评价

教学质量这个概念具有很强的综合性，判断教学质量水平指标应涵盖教学、学习与管理质量的综合性指标，才能够得到客观准确的评估。教学质量是渐进累积的产物，是动态与静态管理整合形成的。所以要关注动态与过程管理，实现过程与结果的统一。革新教育思想，提升教学水平，是做好教学质量管理的基本前提，要做好质量监控，设计全程质量管理，构建与校情相适应的质量监控体系与运行机制，首先必须对质量监控概念、要素、组织体系等进行梳理，认真研究质量监控与保障的全部有关问题。高校要积极构建围绕核心的科学化与操作性强的质量管理模式。

二、高校教育管理的指导思想

管理科学化在提升管理效率与教育质量方面意义重大。管理科学化的实现，依赖于与客观实际相符的，人性化与规范化的管理制度，而这些均离不开科学化管理思想。

在对我国高校学生管理指导思想进行研究的过程中，需要特别注意运用以下观点与思想：

第一，坚持人全面发展的理论，培育全面发展的人才是社会主义高校教育的根本任务。想要保证研究工作质量，首先一定要明确给谁培养人才和培养怎样的人才这两个问题。我国社会主义高校的性质决定高校培育出的人才要具备扎实的科学文化知识与健康的身体素质，要有极高的社会主义觉悟。要完成人的全面发展的培育目标，就要严格根据人全面发展的教育思想，推动教育发展。有效培育德智体美劳全面进步的优秀的中国特色社会主义事业建设者与接班人，是最重要的教育方针。我们要把培育全面发展的人才作为教育的根本任务和落脚点。

第二，运用辩证唯物主义的理论，用对立统一观点对高校学生管理工作进行引导，在管理实践当中贯彻整体观念。辩证唯物主义哲学是社会与自然科学的理论根基。其渗透在社会与自然科学中，因而必然渗透在高校学生管理中。要利用对立统一观点，明确管理整体观念。从纵向上看，整体观念是局部与整体统一，从学生管理工作整体系统的角度上看，构成有机整体的每个部分都是支系统和局部。学生管理系统整体功能最终是由局部组合形式决定的，虽然局部拥有特定功能，但都应服务于系统整体目标与功能，局部要素要以整体目标为基准建立起来。从横向上看，秉持整体观念是处理局部间分工合作的一致性，将各部门进行有效协调，共同为培育全面发展人才的管理目标而服务。

第三，利用高等教育与现代科学管理理论指导学生管理，推动管理科学化。现代治校理念要求，要运用现代科学进行高校与学生的管理。具体而言，一要靠教育科学，遵照教育内外部规律办事。高校一定要把握时代脉搏，面向市场办学。高校学生管理要持续不断地进行，研究新情况与解决新问题，面向新时代培育复合型人才。要靠现代管理科学理论方法完成管理活动，确保学生管理组织机构完善，管理制度健全，人员责任、岗位分工恰当，职责明确，奖罚分明，动作协调一致，管理高效。运用现代管理科学理论指导学生管理，主要是对基本原理进行应用，主要包括人的能动性、规律效应性、时空变化性、系统整体性的原理。在具体的管理实践当中，一定要促进组织系统化建设，决策科学化发展，方法规范化进步与手段现代化改革。

第四，中华人民共和国成立以来，高校学生管理实践当中积累的大量成功经验与宝贵成果，是如今学生管理的财富。首先，社会主义高校要始终坚持共产党领导，走社会主义道路，这是最为基本的成功经验。所谓坚持党的领导，实际上就是利用党的方针、政策、路线等指导高校管理，确保高校的社会主义方向，充分调动师生的热情，为培育全面素质过硬的高级复合型人才不懈努力。之所以强调坚持社会主义方向，是因为我国高校具有社会主义性质。所有管理都要坚持党的领导，所有规章制度的制订落实，都必须始终坚持一个中心与两个基本点。这样才能够激发管理参与者的热情，而这也是衡量管理功能与效益的基本点所在。其次，管理规范化与制度化就是将与社会主义方向相符，经实践检验的成熟的民主与科学的管理制度方法等用制度形式进行固定，构成工作规范，实现权责利的统一，让制度在思想性与科学性上达到统一。最后，秉持理论与实际相联系的原则，面向社会实践与社会需要，确保教育和生产的整合。社会主义高校培育人才，一定要满足市场经济的需求，在思想方面拥有极高的社会主义觉悟与共产主义献身精神；在业务方面除了要具备扎实的理论之外，还要具备极强的分析与解决问题的实践能力，拥有实干精神与独立性。

三、高校教育管理的重点

(一) 教学管理的特点

教学管理在高校管理实践当中占据不可替代的地位，同时管理活动带有明显的特殊性，这也决定了教学管理有以下几个明显特点：

1. 教学管理的能动性

能动性是教学管理的一个显著特点，这里指的是人的主观能动性。教学管理的主要对象是是否可以有效调动师生积极性，是衡量教学管理质量的关键标准。在整个教学管理体系当中，师生拥有双重身份。教师在对学生进行教学指导时扮演的是管理者角色，而教师在作为高校教育教学执行者时，属于管理对象。学生是高校与教师的管理对象，同时是自身学习的自我管理者。不管师生扮演着怎样的角色，承担着怎样的身份，都有主观能动性。

2. 教学管理的动态性

动态性指的是教学管理各环节均处在动态发展进程当中。比如，人才培养方案，要跟随社会经济变迁而不断地更新完善，教学质量评价系统要伴随建设内容的改变而更新。正是在持续不断的总结提升和动态化的协调处理当中，才使教学管理水平与质量螺旋上升。

3. 教学管理的协同性

教学管理担负的重要任务是协调学生个体与高校、教师之间的集体活动，有效发挥师生个性，推动个人与集体的协同进步。

4. 教学管理的服务性

高校的中心工作在于育人，教学管理要紧紧围绕教与学，并为其提供良好的服务。树立正确的服务意识，是对教学管理者提出的根本要求。

（二）教学管理队伍的结构

高校教育教学管理队伍由分管教学副校长、教务处全体人员、学院（系）主管教学副院长（副主任）、教学秘书（教学办全体人员）和教务员组成。教学管理人员的结构主要包括学历结构、职称结构、年龄结构、学缘结构和性别结构等指标。科级以上管理人员岗位应具备硕士及硕士以上学历，博士学历占一定比例；处级岗位、教学副院长（副主任）和重要的科级岗位应具备副教授以上职称，教授占较大比例；老、中、青各层次人员合理分布，教学管理队伍既要有教学管理经验丰富的中老年专家，又要有充满活力、信息技术强的青年骨干。学缘结构上非本校人员应该占多数比例，有利于发挥不同的管理思想，承担重要岗位工作的教学管理人员应有基层教学管理工作经历。

（三）教学管理的重点

1. 注重提高教学管理人员职业道德和业务能力

高校方面要切实意识到教学管理者在高校长远发展建设当中，扮演的角色和发挥的不可替代作用，有效培育其思想政治素质，使其树立事业心与责任心，始终秉持奉献精神。

一方面，教育管理者所处位置非常关键，发挥承上启下的作用，担当上传下达的责任，不仅要贯彻落实上级部门给出的工作安排与文件精神，还必须协调组织教学管理活动，同时还要面对教师，处在和学生沟通互动的前沿，这样的工作定位与职责呼吁教学管理者要具备职业道德与高度责任意识。教学工作涉及范围广，内容多而复杂，很多事都要关注细节。有些事情看似很小，但实际上却关系深远。就拿传达上级文件精神来说，这样的工作年年重复，特别容易引起认知层面的麻痹大意。这件事情看似很小，但是如果在这样的事情上出现管理差错，会直接导致院部甚至全校教学秩序发生混乱，造成教育教学难以有效推进，危害极大。因此教学管理者必须具备精诚合作的精神。高校教学管理的一个重要特征是层次化管理，既有独立，又有彼此的团结配合。只有具备团队协作精神，懂得如何合作和协调，才能够全方位地处理好实际工作，做好分工，有条不紊地解决好诸多问题。另一方面，要有极强的业务素质能力。教学管理者，业务水平与能力素质是独立开展教学管理工作，有效突破实际难题，完成各项管理任务的根本。高校方面要关注教学管理者业务素质水平的提升，使其能够熟练把握以及运用好高等教育的专业化知识，把握教学管理基本理论与专业知识，有效评估教育教学的发展态势，协调不同部门与不同因素之间的关系，推动信息的顺畅流动，革新管理策略，全面提升管理水平，从实际出发开展教育科学研究和实验活动，有效推动教育管理现代化与科学化。

2. 正确处理教学管理与教学质量的关系

教学管理是高校针对教学工作不同环节开展的管理活动，结合既定管理目标与原则对教育教学实施有效调控。教学管理各环节均与教学质量存在着密不可分的关联。教学管理涉及的内容非常广泛，从教学质量评价系统来看，包括培养方案、教学计划的制订、教学任务的安排、教学跟踪监测、信息收集、信息统计分析、质量评价等内容。与此同时，要特别注意结合反馈信息以及评估获得的结果进行教学计划的革新调控。每一项具体工作又会包括很多不同的方面。教学管理一定要紧紧围绕全面提升教学质量这个中心工作实施。高校应该全面革新与健全教学管理体制，积极建立有助于新型人才培养的教学管理制度。

3. 正确处理教学管理人员与教师教学任务的关系

教学管理者与教师共同担负着教育使命，前者以整合利用教育资源为主，后者以传播知识和启迪思想为主。管理育人与教书育人相辅相成，二者存在互相影响与作用的关联，属于同一个目的之下的不同层面，主要体现在以下几个方面：

第一，教学管理者是衔接教师和学生的纽带，负责协调处理二者之间的矛盾问题，有效营造优质的教学环境，确保教学和学习活动的有序开展。

第二，教学管理者利用整理分析教师教学质量信息，反馈教学和学习的实际情况，合理给出科学化评定。检查考核教师在教育教学当中体现出来的学术与教学水平，评估其敬业精神，归纳评估教师是否认真完成了教育任务及指标、规划，促使教师结合社会发展与市场需要，提升教学水平，培养高质量人才。

第三，教学管理者与教师共同参与高校各项事业的建设过程，如课程建设和教材建设等。利用对教学的调查研究与分析工作，提出改革和优化教学的方案计划。

第四，高校管理者给教师提供教育教学方面的帮助，营造优良教学环境，促使教师可以集中注意力投入到教学活动当中。

4. 注重教学管理与教学研究的关系

教学管理是一项系统性工程，需要长时间建设与积累。高校完成日常教学管理，维护教学秩序，只是完成了第一层次的工作，标志着拥有了良好工作基础与教学环境。要想真正提升人才培养质量与教学管理质量，还必须积极促进教育教学研究工作的开展。关注教育教学研究的高校，其教学工作的指导思想明确、目标选择恰当，能审时度势，从国情、校情出发确立新思想、新思路、新措施、新制度，教学工作和管理工作处于高质量状态。教学管理和教学管理研究开展较差的高校，其教学改革往往比较落后，抓不住教学改革的重点与核心。结合这样的特征，要特别关注教育教学研究工作，把握好提升教学管理效益与质量的关键点。

四、高校教育管理的意义

教学管理是高校教育工作的重要组成部分，对培养高质量的人才起着重要的作用。当前加强教学工作的主要任务和基本举措是加大教学投入，强化教学管理，深化教学改革。这既需要各高校结合本校实际，健全和完善各项教学工作的规章制度，还需要采取措施，确保各项规章制度严格执行。高校实施先进有效的教学管理，离不开高素质的教学管理人员。只有具备一支业务能力强、创新意识强、实干精神强的教学管理队伍，高校的教学管理水平才能不断地提高。

（一）教学管理人员具备的素质能力

现代教育要求高校教学管理必须适应时代的发展，对在第一线的教学管理工作者提出了更高的要求，要求他们具备多方面的综合能力和素质，具体表现在以下几个方面：

1. 具备高尚的道德素质

良好的道德素质是搞好教学管理工作的基本条件。高校教学管理人员的道德素质如何，直接关系到高校教书育人的成效。"学为人师，行为示范"，教学管理人员应以自身的思想、学识和言行以及道德人格力量直接影响学生，做到管理育人。

2. 具备强烈的责任心

教学管理工作既有较强的连续性，又会遇到新情况、新问题，工作头绪多，任务重。强烈的责任心能产生工作主动性，是教学管理人员必备的品德。例如，每学期的期末考试，从安排、组织考试，到上报各种考试报表，再到各科试卷、成绩单的整理归档，每个环节都必须认真负责，才能较好地完成工作。

3. 具备扎实的业务知识素质

首先，要掌握系统的管理学知识。随着教学体制改革的深入，教学管理人员应掌握系统的管理学知识，按照管理规律办事。采用科学的管理方法，合理地分配人力、物力、财力，提高教学管理工作的效率。其次，要掌握相关学科知识，这是搞好教学管理工作的基础。院级教学管理人员应了解本院各专业的培养目标、课程体系及各教学环节的有关内容。最后，随着科学技术的飞速发展，办公自动化的程度越来越高，教学管理人员应学习和掌握相关的信息手段与技术，如掌握学籍管理系统、教材管理系统、教务管理系统、教学评估系统、毕业证书管理系统的应用及有关日常文书处理软件的使用等，促进教学管理方法的创新，保证教学管理工作的规范化、科学化和现代化。

4. 具备较强的工作能力素质

能力是使教学管理活动顺利完成并获得预期效果的基础和保障，能力培养和提高甚为重要。一名优秀的教学管理人员应具备一定的组织管理能力，较强的协调应变能力，利用现代化设备获取信息、处理信息的能力，较强的调查研究能力及团队协作能力等。这些能力是教学管理人员准确评估教学的发展趋势，协调各教学单位之间相互关系，促进教学信息良性流动所应该具备的基本素质能力。

（二）教学管理的重要性

从世界高等教育的发展趋势看，深化教学管理是当今世界高等教育发展趋势的客观要求。提高人才培养质量是世界各国面临的共同课题，高校都在思考"21世纪的高等教育应该如何发展"。严格规范的教学管理，特别是加强教学质量的控制，是提高高等教育质量的重要保证，向管理要质量是教学改革的重要任务之一。

从高校教学和管理队伍的历史、发展和形成来看，目前绝大多数从事教学管理工作的人员在校学习期间缺乏系统的"教育学""心理学""教育管理学"等方面专业技术知识的学习。大部分人员是通过实际工作的不断探索而积累经验的，不能够从理论上、教学规律上更好地把握教育工作和教学改革的建设工作。

从高等教育科学的发展来看，许多高校没有把高等教育教学管理作为一门科学来对待。高校的教育教学管理不到位，没有形成必要的校内外教育研究信息沟通机制。高校缺乏教育教学研究的氛围，缺乏有组织、有计划、有目的的教育教学及管理研究，对学习、借鉴、继承、发展等一系列问题缺乏系统的思考和具体安排。

（三）管理队伍建设的意义

加强教学管理队伍建设是提高人才培养质量的重要手段。人才培养是高校的根本任务，质量是高校的生命线。为全面提高人才培养质量，必须强化教学管理，深化教学改革，积极推进教育创新。尤其要推进人才培养模式、课程体系、教学内容和教学方法的改革，促进传授知识、培养能力、提高素质的协调发展。教学管理人员是深化改革、推进创新的主要策划者、实施者和监督者。教学管理队伍的水平直接决定了高校教学改革的广度、深度和力度。所以，提高人才培养质量必须要加强教学管理队伍的建设。

五、高校大数据教育管理一般性分析

高校大数据教育管理是教育现代化的客观要求，其具有科学性、及时性、互动性、差异性及权变性等特点，从而具有传统高校教育管理无法比拟的优势。在高校大数据教育管理实践中，相关关系和因果关系仍是高校事务之间最主要的两种关系，它们并不是相互排斥的，相关关系不仅不能取代因果关系，反而快速清晰的相关关系分析为寻找因果关系提供指导和帮助作用。只不过，高校教育管理中的大数据与商业领域中的大数据运用有着根本区别：商业领域不太重视因果关系，比较重视相关关系；而高校大数据以相关关系为切入点，最终寻找特殊的相关关系。

（一）高校教育管理大数据的类型

大数据技术是高校教育管理由传统的科学管理向文化管理进化的重要力量，随着高校大数据平台建设，教育信息技术在校园的广泛运用，高校教育管理大数据呈现多样化、复杂化、动态化的趋势。从不同的角度划分，高校教育管理大数据具有不同类型。

1. 按性质划分

按性质划分，我国高校教育管理大数据可分为结构化数据、半结构化数据和非结构化数据。结构化数据是工整的数据，其可以用二维表的结构来进行逻辑表达，属于关系型数据。非结构化数据包括所有格式的办公文档、文本、图片、智能硬件结合数据、标准通用标记语言下的子集、各类报表、GPS数据、图像和音频/视频信息等教学资源，不适合用二维表存储。而半结构化数据，顾名思义，其既不属于结构工整数据，也不属于非结构工整数据，而是介于二者之间的数据，如超文本标记语言文档就属于半结构化数据。半结构化数据一般是自描述的，数据的结构和内容混在一起，是用树图来表达的数据。和其他领域的大数据有着相似的特征，目前，在我国高校大数据中，非结构化数据占主流，达到80%左右。

2. 按来源划分

按数据来源划分，我国高校教育管理大数据可分为两类：一类来自教育系统内部，与教育教学有关的数据，包括高校教学、科研、人事、学工、党团、后勤、图书等部门生产的大数据，这是教育管理大数据的主要来源；一类是来自外部数据源的数据，特别是互联网和社交媒体产生的数据。随着 Facebook、腾讯 QQ、微信及微博等社交媒体的发展和移动 5G、宽带及局域网的发展，大学生网络化存在趋势加剧，24 小时挂网活动现象不断增加，与此同时产生的大数据也在不断增加。根据数据产生部门，也可把高校教育大数据分为四类：教学类数据、管理类数据、科研类数据以及服务类数据。

3. 按采集业务划分

按采集业务划分，我国高校教育管理大数据可分为学生教育管理类大数据、教师教育管理类大数据、综合教育管理类大数据和第三方应用大数据四类。学生管理类大数据主要来源于学生的学习和生活及社交数据活动，如学生的基本信息、考勤、作业、成绩、评奖评优、参加的各级各类活动表现及学生网络轨迹及表现等。教师管理数据主要包括教师基本信息、备课教案、课堂教学、作业批改、答疑解惑、科研数据、评奖评优、进修培训、参加的各类活动数据及社交活动、网络活动数据等。综合管理类数据包括高校基本信息数据、高校各项评比类数据、高校各项奖励等。第三方应用类大数据，包括金融缴费、教学资源、生活服务、云课堂、微课及慕课资源等。

4. 按数据结构划分

高校教育管理大数据的结构可分为四层，从内到外分别是：基础层(教育基础数据)、状态层(教育装备、环境与业务的运行状态数据)、资源层(各种形态的教学资源)和行为层(教育用户的行为数据)。一般而言，基础层和资源层数据属于结果性数据，状态层和行为层数据属于过程性数据。基础层大数据主要包括人事系统、学籍系统、资产系统数据等，主要服务于高校管理者宏观掌握高校发展状态的科学决策，一般是结构性数据；状态层数据在智慧校园中主要靠传感器获取，主要服务于高校管理者掌握各项教学业务运行状况，优化教育环境；资源层数据以非结构化数据为主，主要包括网络教学资源(以慕课、微课、App、电子书等形式存在)，也包括上课过程中产生的笔记、试题等动态生成性资源；行为层数据包括教师行为和学生行为数据，教师行为数据占主体，主要服务于个性化学习、学习路径推送、行为预测和发展性评价。

(二)高校大数据教育管理的特点

高校大数据教育管理可发挥及时性、互动性、差异性、科学性、权变性等特点和优势，彰显数据管理的魅力。

1. 高校大数据教育管理的科学性

传统高校教育管理决策模式大致有四种：依靠决策者的理性认知来决策的模式，通过"合意"过程来平衡高校内部多方群体利益的"学院型"模式，通过"扩散"程序表达不同利益群体的"政治型"模式，决策程序无章可循、随意性大的模式。这四种模式的共同弱点就是决策者的"有限理性"，缺乏科学性。大数据的核心是预测规律，高校大数据克服了传统小数据的局限性和不能反映整体的弊端。通过全面的考量，洞察隐藏在师生复杂、混乱数据背后的行为规律，从而提高教育管理的科学性。高校教师的科研数据、教学数据、评奖评优数据、参加各类大赛数据及其生活、作息、交友、娱乐等数据之间，以及它们与高校的管理机制、制度、投入等都有着诸多关联，这些数据背后都隐藏着规律。比如，可以通过对科研成绩斐然教师的作息与科研之间的关系、兴趣爱好与科研之间的关系、教学成效与科研的关系等诸多维度进行数据关联分析，建立数据模型，寻找其中的规律，为科学决策提供依据，从而更好地制订高校科研政策、教学管理制度及评价制度。同时，高校教育管理大数据对于学生的学习与需求、舆情监控及科学决策都有重要意义。学生的学习成绩、能力素质、上网习惯、图书借阅、就餐情况等之间存在某种关联，通过数据分析，寻找这种关联和规律，增强教育管理的科学性，从而收到"事半功倍"的效果。

2. 高校大数据教育管理的及时性

大数据以运算的形式来诠释此道理。"智慧校园"的前提是教育管理大数据，大数据技术是高校教育管理智慧之道的依凭。"事后诸葛"空遗憾，而"兵贵神速"要求抢抓先机。高校教育管理大数据是即时的、当下的，具有预警性，这为教育管理者抓住关键时期开展工作提供了技术保障。在网络深度覆盖的校园里，师生活动处处有数据、有信息，合成空前的数海。这其中的信息暂不考虑其现象是否与本质完全吻合，但是一些异常的信息和规律性的信息总是会在海量数据中涌现出来。对异常的信息，通过相应数据技术设立容忍度和临界点，使之达到界限后启动报警系统，最终起到防患于未然的作用。学生的交际问题、学业问题、就业问题、感情问题及经济问题等，都必然会通过各种媒介得到展示与宣泄，而高校利用大数据技术，可以做到因势利导、超前谋划，及时预防和处理危机事件，避免或减少相关损害。

3. 高校大数据教育管理的差异性

高校大数据教育管理的及时性、科学性是从宏观来讲的，而高校大数据教育管理的个性化，则是从微观来讲的。因材施教、个性化管理和多样化人才培养一直是教育的理想，高校教育管理对象具有差异性。尊重大学生的个性特点、兴趣爱好、能力差异、家庭背景差异等，是高校教育管理者做好教育教学管理和服务工作的前提。尊重是爱、尊重是方法、尊重是境界。局限于技术及精力，在小数据的时代，高校教育管理者要做到察微知著是比较困难的，但是在大数据时代，这一切都变得更加容易。大数据教育教学资源，可以为学生量身定做适合个性特征的培养方案和课程清单，让学生突破时空限制，享受高质量的教育教学资源。大数据时代个性学习，不仅对个体有着显微镜的功能，同时也可以预测学生群体活动的轨迹和规律，为高校教师改进教学提供有效反馈。因此，大数据技术是高校精准教育、精准帮扶的重要保障。

基于大数据的高校教育管理克服了传统教育管理中的单向度缺陷，实现了师生的互动，从而产生互动效应。互动效应在心理学上指两个或两个以上的个体通过相互作用而彼此影响从而联合起来产生增力的现象，亦可称之为耦合效应或互动效应、联动效应。一般来讲，赋予积极的感情行动，将会收获积极的感情反应。高校单向传授和灌输式的传统教育教学方式，由于缺乏感情的耦合联动，导致教育教学缺乏实效性。在大数据教学平台上，高校教师与学生可以即时互动、答疑解惑、传道授业。对于学生做题的速度、学习的进度，教师都可以实时监控，做出处理，其他学习者也可以做出解释和指导。在这样的学习互动氛围中，信任、支持、谨慎、勤奋及求精等情感信息得到释放，从而在整个群体中产生积极互动效应。针对教育命题，鼓励大学生积极参与，充分发挥其主人翁精神，为问题的解决、高校正能量的传播贡献计策。在高校社交平台或学习平台上，针对心理困惑及学习困惑等，充分发挥朋辈效应的作用，使学生自我教育、自我发展，从而实现教育的"润物无声"。

4. 高校大数据教育管理的整合性

高校大数据的整合包括高校内部和高校外部资源的整合。只有整合资源，才能使资源的利用价值最大化。高校通过大数据技术可以很好地实现资源整合。初级层次的资源整合是高校内部各部门、各单位之间的数据资源整合。通过大数据平台的建设，可以打破部门数据分割，实现数据共享，促进数据公开和流通。高校之间及区域之间的大数据平台建立是资源整合的高级层次，这对于促进整个地区乃至国家的教育发展、资源节约具有重要的意义。

5. 高校大数据教育管理的权变性

权变管理的核心思想就是"以变制变"。管理没有定法，只能根据外部环境和内部要素的变化而采取不同的方法策略。对学生教育教学管理没有一劳永逸的万全之策，也没有放之四海而皆准的适用公理，更无适应一切学生的万能公式。学生的学习数据、教师的教学数据、管理人员的行为数据、监控中的安全数据等，都是动态的、实时的，形成一股股信息流，一切都是不断向前流动的过程，故而"变"是高校教育管理永恒的主题。这就要求高校教育管理人员要及时掌握管理对象、管理内外部环境的变化情况，研究各种变化的趋势和规律，并研究各种变化之间可能的相互作用及后果，从而提前采取科学、适宜的有效方式来应对。大数据技术为高校教育管理者及时获取管理对象的各种信息提供了技术保障，大数据的海量、快速、动态和便捷性有利于高校教育管理权变性的实现。

第二节　高校学生教育管理的内涵及特点

一、高校学生工作管理的内涵

高校学生工作管理是对大学生日常事务的管理，它是指通过对学生的日常行为进行规范、指导和服务，来促进学生的全面发展。学生工作管理有广义和狭义之分，学生工作就是广义的学生工作管理，包括思想政治教育、日常事务管理、学生工作的考核与评估、学生成长发展指导等内容。这里的学生工作管理指的是狭义的学生工作管理，也就是管理学生，它侧重的是日常管理，包括班级建设、学生奖惩、学生资助、安全教育、宿舍管理、生活服务、就业指导等，涉及学生在校生活、学习的方方面面。

（一）理想信念教育和道德品质规范的养成教育

理想信念是一个人前进的航向，而道德品质则是为人做事的准绳。在高校学生工作管理中，管理工作者要重视校园文化建设，为大学生创造高雅的文化氛围。通过校园文化的影响和熏陶帮助大学生营造良好的舆论氛围，通过文化活动的组织和开展提高思想政治教育的效果。

（二）依法治校，维护学生合法权益

实行依法治校，就是在高校的日常管理工作中，要明确高校和学生的权利及义务，要充分保障学生的合法权益。要依靠法律和高校的各种规章制度，对学生进行奖励、资助、处分等。在处理如学生处分这样涉及学生权益的问题时，要严格按照正当程序，规范处理过程，使学生的合法权益不受侵害。

（三）学籍管理和学习指导

随着高校教学体制改革的深入和弹性学制、学分制的实施，在学生学籍管理中，高校可以实施跨校、跨专业修读，专修和辅修相结合等有利于学生成长的管理模式。学生工作管理者可以通过学风建设，为学生创造积极向上的学习氛围。学生在进行自主学习的同时，管理者要提供全方位、积极主动的辅导，帮助学生养成自主式的学习习惯和终身学习的思想观念。

（四）就业指导和就业服务

就业指导和服务是学生工作管理的一项重要内容。面对日益严峻的就业形势，高校要设立专门的就业指导部门，由高校主要领导直接负责管理。就业指导部门要做好在校生职业生涯规划指导、就业信息收集、实习基地建设，毕业生就业指导、毕业生职业规划等工作。

（五）勤工俭学和贫困生资助

贫困生资助和勤工俭学也是学生工作管理的一项重要内容。学生工作管理部门要针对学生的实际情况和高校的规章制度，开通助学贷款的"绿色通道"，尽可能多地开辟勤工俭学的岗位，认真做好国家奖、助学金和校内贫困生补助的发放工作。同时，针对学生群体中发生的突发事件应建立应急处理机制和临时困难补助制度，对于发生重大家庭变故的学生，要及时给予特殊帮助。

（六）生活服务和心理健康教育

高等教育不仅仅体现在学习方面，还要把服务育人的理念贯彻到日常的学生工作管理中去。学生工作管理部门要和校内其他服务部门互相配合，在为学生提供衣、食、住、行等方面服务的同时，还要重视对学生进行健康生活方式的引导。高校心理咨询中心要通过各种渠道、运用多种形式在全校范围内对学生开展心理健康教育和心理咨询活动，加强对学生的心理疏导。学生工作管理者要建立畅通的信息网络，使思想政治教育和心理健康教育有效结合，进而提高学生工作管理的水平。

（七）校园秩序与课外活动

高校要为学生提供健康、和谐的学习和生活环境。学生工作管理者要积极引导学生，自觉遵守高校管理制度，提高自身的道德修养，自觉维护校园秩序。同时，高校要积极鼓励学生团体组织开展有益于大学生身心健康的活动，并对活动加以管理和指导，保证学生活动的合法性和科学性。大学生通过参加各种类型的团体活动，可以在人际交往和社会适应能力等方面得到锻炼，这有利于学生的全面发展。

二、高校学生工作管理的特点

大学生是思想最为敏锐的群体，有着自身独特的特点。根据大学生的身心特点有针对性地开展工作，是高校学生工作管理顺利进行的保证。每个学生的成长和教育环境不同，造成他们价值取向的多元化、思想观念的差异化，具体表现有：理想与现实的差距使其虽有理想信念，但难以抉择；虽有明确的是非观，但自控性和自律性较差；实用主义倾向明显，只关注与自身利益相关的事情；个人主义突出，自我意识较强；要求独立，但依赖性强，渴望尽快走向社会，但又无法实现经济独立；适应新事物的能力较强，但心理承受能力较差。学生工作管理要适应学生的特点、满足学生的需要，这是学生工作管理取得成效的关键。针对大学生的特点开展工作，能够使学生工作管理更具专业性和操作性，从而促进高校学生工作管理目标的实现。高校学生工作管理有以下特点。

（一）教育性

培养全面发展的高素质人才为社会主义现代化建设服务是高校学生工作管理的主要目标。学生工作管理者要通过对学生的教育和引导，提高大学生的科学文化素质，培养他们良好的品德和修养，引导他们坚持正确的政治方向，帮助他们树立远大的理想信念。总之，通过学生工作管理的教育和引导作用，促进高校管理目标的实现。

（二）开放性

高校的学生工作管理具有开放性，日常管理工作可以通过多种途径和方法开展。既可以通过课堂教学教育，又可以通过组织校园文化活动进行日常管理，还可以通过高校教育、社会教育、家庭教育等多种渠道展开。学生工作管理者要善于利用多方资源，懂得统筹和协调，形成促进学生工作管理的合力。

（三）持续性

高校学生工作管理系统是一项复杂的工程。每一项具体工作的完成都要以学生工作管理的总体目标为方向，都要体现学生工作管理的效果，都要促进大学生的全面发展。高校学生工作管理要建立长效的工作机制，使高校教育、社会教育、家庭教育三者结合，通过外在的制度管理和内在的学生自我约束，结合思想政治教育，来提高学生工作管理的效果和系统性。

（四）实践性

高等教育以培养适合社会需要和适应时代发展的高级知识人才为目标，要提高学生解决实际问题的能力。随着社会形势的不断变化和发展，要求学生工作管理模式随之改变。新的管理方法和手段不能只是空谈理论，而应该在实际的工作中得到切实的运用，以达到理论指导实践的目的。只有具有实践性的学生工作管理，才能更好地适应日益变化的社会环境。

第三节　高校学生教育管理的目标及原则

一、高校学生工作管理的目标

高校学生工作管理的目标是要培养适应社会发展需要的高素质人才，以提高大学生的综合素质为主要目的。具体来说，就是要提高大学生的思想政治素质、科学文化素质、身心素质、创新素质等。

(一)思想政治素质

要求大学生拥有正确的政治方向、坚定的理想信念，要养成良好的道德品格。自觉跟党走，认真学习党的理论知识和重要思想，同时自觉践行党的路线、方针、政策，坚持正确的政治立场。

(二)科学文化素质

要求大学生拥有全面丰富的知识结构和扎实的理论功底。提高科学文化素质，要求大学生要努力学习科学文化知识，掌握正确的学习方法，养成良好的学习习惯，要学会用理论指导实践，全面提高自身素质。同时，要树立终身学习的观念，在实践中寻找不足，以学习来弥补不足。

(三)身心素质

要求大学生要拥有强健的身体和健康的心理。通过积极参加体育锻炼、文体活动，强健体魄，提高身体素质；通过自我管理、自我控制和自我调节健全人格；通过积极参加社会实践，养成良好的个性和环境适应能力，并且使大学生拥有健康的身心素质，更好地为社会服务。

(四)创新素质

要求大学生要有科学的思维方式和把理论运用于实践的能力。大学生要通过学习积累理论知识，运用科学的思维，辩证地、全面地分析和辨别事物；要有较强的创新和实践能力，面对不断变化的环境要勇于创新，不断地进行自我突破，在提高大学生创新能力的同时，拓展他们的综合素质。

二、高校学生工作管理的原则

为提高学生工作管理水平，实现有效管理，学生工作管理者在日常管理中应该遵循以下原则。

（一）实际性原则

要求高校学生工作管理要一切从实际出发，既要考虑高校的实际情况，又要考虑学生的实际情况。通过了解高校与学生的实际，建立健全组织机构，明确各组织机构职能，确定学生管理目标，同时要研究适合高校自身的学生管理模式。从实际出发进行学生管理，有利于有针对性地开展学生工作。

（二）制度化原则

要求学生工作管理者要根据国家法律规定，结合高校自身实际，制订各种规章制度进行学生管理。制度化是进行规范管理和提高管理效率的必然要求。只有通过制度化管理，高校学生工作管理才有章可循，才能不断地推进学生工作管理的科学性、有效性。

（三）服务性原则

高校学生工作管理要坚持"服务育人"的理念，以服务学生为出发点和落脚点。在对学生的日常管理中坚持服务性原则，就要从学生的根本利益和切身需要出发，把学生看作学生工作管理的主体，一切为了学生。因此，在实际工作中应坚持服务性原则，通过服务达到管理的目的。

第四节　高校学生教育管理取得的成绩

高校的根本任务是培养德、智、体、美、劳各方面全面发展的社会主义事业的建设者和接班人。学生工作管理是高校工作的重要组成部分，它对于培育适应 21 世纪经济社会发展需要的大学生至关重要。多年来，各高校对学生工作管理都十分重视，投入了大量的人力、物力和财力。高校的学生工作管理者认真贯彻党的教育方针，围绕高校培养目标，大胆实践，努力探索，形成了一套行之有效的工作途径和方法。他们热爱学生、关心学生，爱岗敬业，为培养学生付出了巨大的劳动和心血，为我国的社会主义建设培养了大批合格的专门人才。特别是近年来，高校学生工作管理队伍在学生工作管理的科学化、规范化上进行了有益的研究与探讨，取得了一定的成绩，归结起来主要有以下几点。

一、加强大学生日常管理，为大学生成才提供精神动力

大学生的日常管理工作是课堂教学、德育课、形势政策课等之外的重要补充，具有针对性、时效性等特点。高校学生工作管理注重大学生的日常管理，解放思想，更新观念，提高认识，树立"一切为了学生"的教育理念，增强服务的意识，强化服务的功能，自觉、主动地为大学生成长和成才服务。既坚持教育学生、引导学生、鼓舞学生、鞭策学生，又做到尊重学生、理解学生、关心学生、帮助学生。对大学生学习、生活规范管理，促进大学生向有道德、有纪律的方向发展。提高大学生的文明素养，促进大学生文明习惯的养成。日常教育工作要做到学生的心坎里，要被学生接受，要受学生欢迎，达到解疑释惑、化解矛盾、鼓舞士气和激发热情的作用，为大学生成才提供精神动力和舆论力量。

对大学生的日常教育，一般采取集体、小组、个别教育的形式，运用大会、讨论、学习、讲评等方法，结合不同阶段学生的状况，有目的地对学生加强精神品德教育、引导大学生全面提高素质。例如通过各项先进评奖，"三好学生""文明宿舍"等，引导学生开展创优争先活动，努力学习，积极进取，在学习、品德、行为、身体锻炼等各方面追求进步，成为优秀人才。而对大学生不良行为的处罚，不仅对其本人的健康成长具有重要意义，对其他同学也具有重要的教育意义。另外，通过新生军训，培养学生适应环境的能力，提高学生的国家安全意识，培养学生坚忍不拔的意志、艰苦奋斗的精神，养成文明、守纪习惯；通过专业介绍，进行学习目的教育、理想教育，激发学生学习的热情，提高学生自我提升的积极性；通过校史校情教育，对学生进行高校光荣传统教育、艰苦奋斗教育、优良学风教育，为他们今后的学习和提高打下坚实而良好的思想基础；通过对毕业生的各项教育，引导学生正确看待和处理自我发展需要与社会需要之间的关系，帮助学生树立正确的择业观；通过引导学生剖析自身素质与社会需要之间的差距，增强学生的忧患意识，进一步提高大学生道德修养的自觉性、主动性和积极性；同时，还要加强竞争意识教育、挫折教育、创业教育等，进一步促进学生养成不断提高自身素质，永不停步、永不言败的信心和习惯。

二、积极开展丰富多彩的活动，为全面提高大学生素质搭建舞台

(一)积极组织社会实践，锻炼学生的社会实践能力

利用寒暑假开展社会实践是高校学生工作管理的常规内容。大学生利用寒暑假进行社会实践的形式是多种多样的，有环保调查、行业实践、公益实践、母校回访、勤工助学等。社会实践活动没有固定的模式，也没有固定的场地和对象，一般是在一个比较开放的

环境下，面对着不断变化的情境，学生独立面对和解决各种问题。社会实践能充分调动学生的积极性，引导学生在实践中勇于开拓、敢于创新。

此外，大学生通过实践走向社会，亲身体验生活，在与人民群众的接触、了解、交流中受到真切的感染，从典型事例中受到深刻的教育和启发，这能使他们的思想得到升华，他们的社会责任感和使命感得到加强。同时，也能使学生看到自身知识和能力上存在的不足，比较客观地去重新认识、评价自我，逐渐摆正个人与社会的位置，进而潜心思考自身的发展问题，不断地提高自身素质和能力，以适应社会发展的需要。

总之，社会实践可以训练学生独立生活和适应环境的能力；提高知识的实际应用能力和自身的组织管理能力；巩固和发展专业技能；了解国情民情，增强社会责任感；强化学生的社会服务精神，塑造他们吃苦耐劳的品德。大学生在积极参与这种实践活动的过程中，会逐渐养成坚韧、顽强的优良品性，养成务实的学习态度和生活作风，不断提高自己，完善自己。

（二）组织社团活动，为大学生搭建开发潜能、展现自我的重要平台

社团活动是大学生校园文化活动的重要组成部分，是对高校德育的有效补充，也是大学生素质教育的重要载体，是高校中一道亮丽的风景线。大学生社团是大学生立足校园，基于共同兴趣和爱好，依照法律，按照一定的章程，自愿结成的具有固定成员和特定活动内容的组织，大致可分为思想政治、学术科技、文体娱乐、志愿服务、创业或综合五种类型。社团活动形式新颖、丰富多彩，在培养学生的想象力、创造力、批判能力和协作精神，充分调动社团协会的主体性与参与性等方面，起着桥梁和纽带的作用。它不仅丰富了大学生活，而且为大学生身心健康发展提供了课堂以外的学习机会，让他们在活动中锻炼自己的能力、发挥自己的特长、展现自己的才干，这无疑是大学生开发潜能、展示自我的舞台。

（三）丰富校园文化，提高学生的文化素质修养

文化素质是素质中的一个重要内容，它是指具有一定的文学修养、理论修养、音乐修养、艺术修养等。学生工作管理的重要内容之一就是校园文化建设。所谓校园文化具体表现在各种活动的组织与开展中，如元旦联欢会、歌手大赛、合唱比赛、社团嘉年华、科技文化节、校园辩论赛、纳雅大讲堂、假面舞会等。青年人思想活跃，吸收力强，可塑性大，比较容易接纳新生事物、观念、行为及生活方式，通过群体文化的规约和引导，形成良好的校园文化氛围，对学生素质的提高大有裨益。通过丰富多彩、形式多样的文化艺术活动，引进高雅艺术如音乐会、芭蕾舞、话剧等，使学生的艺术修养和审美素质得以有效提高。

（四）组织课外学术科技活动，锻炼学生的创新能力

大学生课外学术科技活动包含三个方面的内容：一是学术科技的学习，二是学术科技的创新，三是学术科技的应用。这是伴随着"科学技术是第一生产力"的论断逐步为社会接受并确立其在经济社会发展中的主导地位一步一步发展起来的。高校学生工作管理部门应高度重视，不断健全组织机构，形成有效管理的模式，建立评比表彰制度，营造学术气氛，并采取积极措施使这一活动不断发展和深化。

课外科技创新活动，激发了学生的学习积极性和创造能力，使学生从校园走向社会，从单纯受教育和知识传承的身份，逐渐成长为社会财富的创造者，打破课外与课内的界限，最终使学生树立终身学习的观念。

三、加强学生工作管理队伍建设，提高推进素质教育的能力和水平

辅导员是从事学生管理工作的基层干部，是管理工作第一线的组织者和教育者，也是和学生接触最多的老师之一。高素质的辅导员有利于高校的生存和发展以及学生的健康成长。把那些政治素质硬、业务水平高、思想品德优、综合能力强、热爱辅导员工作的优秀党员毕业生选留到辅导员队伍中来，加强对辅导员的管理，以提高队伍整体素质。从发展趋势来看，我国高校学生工作管理开始强调教育性和发展性，在强调德育传统的同时，"以人为本"的管理理念基本上得到认同。管理制度也更为完善，管理干部队伍的层次日益改善，有的高校学生管理干部中硕士毕业生已经占有一定比例，有的高校为博士毕业生任专职书记。

第五节　高校学生教育管理模式对策

一、以"柔性管理"思想为指导，更新管理理念

在学生工作管理中"以人为本"是柔性管理的核心，同时也是柔性管理的价值取向，更是柔性管理的核心指导原则。高校的学生工作管理特别是院系的学生工作管理的出发点和落脚点应该是学生的成长、成才，以培养德、智、体、美、劳全面发展的学生为最终目的，使得学生能够成为社会主义的建设者和接班人，这才是高校学生工作管理的根本任务。

（一）确立以学生为本的管理理念

根据国家相关规定，明确把"以人为本"作为加强和改进大学生日常管理的指导思想，强调要坚持"以人为本"，贴近实际，贴近生活，贴近学生，促进人的全面发展。这就给高校学生工作管理提供了理论支持，要求我们必须树立以学生为本的学生工作管理理念，更好地指导我国高校学生工作管理的开展。

要在实际工作中树立起以学生为本的学生工作管理理念，就要通过相应的规则确定学生在高校的学生工作管理中的主体地位，充分突出学生的主体性。这也就是说，在学生工作管理过程中，学生工作管理人员要时刻以学生为中心，发掘学生的潜能，发挥学生参与管理的积极性，引导学生维护自身的合法权益，关心学生发展，帮助解决他们在日常学习和生活中出现的各类问题，真心诚意地为学生服务。

以生为本、服务学生的理念要求高校院系在实施具体的学生工作管理中，要考虑到学生的主体性和个性发展，减少一些强制性、单一性的内容。基层管理人员在具体工作中要做到：尊重学生的个性诉求（基础），关注学生的身心健康（关键），服务学生的各类需求（方式），发展学生的综合素质（目的）。尊重学生就是尊重学生的个性诉求，尊重学生在高校中的主体地位。高校成立的基础是学生，所以在具体工作中，要尊重学生的主体地位，尤其对特殊学生更要加倍重视。关心学生就是关心学生的学习和生活，及时掌握学生在高校的学习和生活的具体情况，帮助学生解决问题，让他们感受到高校的关爱。服务学生就是以学生需求为导向，努力培养适合学生发展的软硬件环境，促使学生进行良好的自我管理，促进学生形成正确的人生观和世界观。发展学生是以学生为本的目的，也是尊重学生、关心学生、服务学生的归宿，最终都是为了学生的全面、协调发展。

（二）坚持民主管理

民主管理是相对于"一言堂"的管理而言的。民主管理对于现代管理、对于我国高校院系学生工作管理既是手段又是目标。一方面，它是院系学生工作管理有效性的重要保证。通过学生广泛参与，可以树立主人翁意识，牢固高校的凝聚力和向心力。另一方面，它能培养学生的民主意识，增强学生参加高校管理的积极性。

民主管理内涵非常丰富，它是现代管理的重要内容之一。根据当前我国高校的实际情况，在高校院系学生工作管理中，民主管理的理念应着重体现在两个方面。第一，以人为本，认同学生的主体地位；第二，讲求宽容，为学生发展提供宽松的环境。

1. 以人为本，认同学生的主体地位

实施对人的管理是学生工作管理的本质，因此，在学生工作管理中，必须始终贯彻"以人为本"的核心思想。学生是高校管理的对象，也是高校管理的主体。因此，"为了一切学生，一切为了学生，为了学生的一切"的思想，应该成为高校学生工作管理的基本理念。这也是柔性管理理论中一个重要的概念。这就要求高校涉及学生的各个部门都要树立起以学生为本的核心思想，实行民主管理的方式。基层学生工作管理者对学生的个性发展要正确认识和充分尊重，对学生的意见和要求要广泛听取，将高校和学生的发展融为一体。在各项规章制度的制订过程中，要调动学生参与的积极性，同时增加透明度。对高校院系各项工作中存在的问题，要鼓励学生主动积极参与管理，听取来自学生的意见，以此来充分有效地调动学生"自我教育、自我管理、自我服务、自我激励"的积极性。

2. 讲求宽容，为学生发展提供宽松的环境

宽容就是要求学生工作管理人员尽量理解或亲身参与到学生的各种创造性活动中去，鼓励学生在校园文化活动中百家争鸣、百花齐放，不要用简单划一的制度和方式去规定学生，减少对学生的强制要求和无谓监督。既然有创新，也就意味着有风险，宽容就是要求学生工作管理者特别是院系学生工作管理者要有勇气去替学生承担风险和压力，力所能及地为创新性学生提供帮助和支持。当前大学生体现出个性多元化、发展差异化的特点，院系学生工作管理人员不仅要考查学生学业知识，还要考查学生的道德、创新以及实践能力等方面，以促进学生的个性化发展。

（三）强调管理服务意识、实现个性化管理

市场经济的建立和高等教育大众化的发展，大学生成为了特殊的教育消费者。教育是一种具有服务性质的实践活动，教育服务就是教育活动的产品，或者说是一种服务形态的产品，教育产品是教育服务。市场经济条件下，服务的提供方是高校，学生作为消费者，那么在市场上、在学生付出学费的前提下，学生有权利要求高质量的教育服务、享受优质的教育资源，而高校也必须提供相应的教育服务。因此，高校学生工作管理理念必须要进行转变，而院系作为与学生接触最密切的基层组织，其本质就是要坚持以服务学生为学生工作管理理念，这就要求学生工作组织以及学生工作管理者要根据市场经济发展的各项要求为学生提供服务，要一改以往传统的学生工作管理作风，实现学生工作管理向规范化、制度化、科学化的方向转变。

理念为行动指明了方向。院系学生工作管理者要学会转变角色思考问题，要多从学生的角度出发，思考学生面临什么问题，应该如何处理。要搞清学生当前的思想动态，把解决学生的问题作为学生工作管理的出发点和归宿；同时，发挥学生的主动性，使得学生参与到学生工作管理当中来，让学生提出积极的意见，这也是培养他们发现问题、分析问题、解决问题能力的一大重要举措。

二、坚持以学生为本，改革和完善院系管理体制

（一）建立院系党政共同负责学生工作管理领导机制

基层院系学生工作管理的有效开展离不开院系领导班子的大力支持。院系学生工作管理体系建设首先要安排院系班子即专门领导全面负责学生工作管理，同时院系党政领导也要亲自抓。建立党政领导共同负责学生工作管理的领导机制，可以全面整合院系各部门的力量，使得院系教务、行政等各部门分工协调，促进基层院系学生工作管理有序开展。在院系党政领导的共同负责下，学生工作管理既不是单纯的思想教育工作，也不是单纯的行政管理工作，而应该既是思想教育工作，又是行政管理工作。为了确保党政共同负责落到实处，可以在院系党政联席会议上单列一项学生工作管理，用以保障学生工作管理顺利、高效开展。

需要说明的是，各项工作的开展要高校学工处发挥指导功能。同时，高校有必要赋予院系学生工作管理部门一定的行政权力和主动权，否则，仅作为与院系同等的职能部门，其各项工作极有可能得不到有效开展，导致院系学生工作管理部门的职能与目标存在距离，从而达不到预期的管理目标。

（二）以学生的发展和需要为依据进行组织机构和职能设置

院系基层学生工作管理必须建立在配备完善、工作得力的学生工作管理机构的基础上。长期以来，院系的学生工作管理机构虽然采取了不同的设置形式，但是无论采取哪种设置形式都必须满足学生受教育的需要，满足一定的设立条件。比如：是否适合学生全面发展，是否能使学生工作管理人员顺利开展工作，是否能够使得院系学生工作管理部门达到预期的目的。

要加强院系一级的领导和管理。在机构上，成立院系学生工作管理办公室，与高校学生工作管理处相对应，院系党政负责人共同对本院系的学生工作管理负责，院系学生工作管理办公室的常务负责人是院系党委（党总支）副书记。成员包括院系学生工作管理办公室主任、团委书记、年级辅导员等，需注意的是，院系一级的本科生学生工作管理由党委（党总支）副书记负责，而一些高校的研究生学生工作管理由党委（党总支）书记负责，那么在管理中应当有院党委（党总支）书记对全院研究生、本科生的学生工作管理负责，在具体工作中一定要统筹兼顾、理顺研究生和本科生的管理机制。

目前，由于大学生数量不断增多，事务量也在增大。虽然近年来学生工作管理组织进一步扩大，学生工作管理人员数量进一步增多，但是院系学生工作管理人员既要应付日常学生工作管理，也要随时处理突发事件，往往有些力不从心。为此，院系学生工作管理部

门应当以管理职能化、规范化为目标进行部门设置，细化管理职能，以更好地满足学生的需要。具体来说，院系层面要成立或者设立以下几个与学生利益相关的办公机构。

1. 成立院系资助工作办公室

在院系层面上成立院系资助工作办公室，专门负责管理院系学生的各种经济资助事务。具体职能：做好与高校的资助管理办公室的任务衔接，同时，根据本学院的专业特点与有意向资助单位进行联络，负责资助信息的收集和发布。同时，要做好高校奖学金、助学金的发放工作，适时提供一些勤工助学岗位信息，等等。院系资助工作办公室一是深入学生中摸查情况，全面了解学生经济状况，做好贫困生建档工作；二是努力构建和完善以"奖、贷、勤、助、补"为主体的资助体系；三是对贫困学生开展励志教育，引导贫困学生自强不息；四是大力开展诚信教育、感恩教育，引导贫困学生以实际行动回报社会。

2. 建立院系心理健康辅导室

当前由于经济社会的快速发展，学生心理健康问题呈现出独特性和复杂性的特点，从学生工作管理的本质出发以及服务学生的需要，当代大学生需要专门化的心理辅导。院系直接接触学生，需要成立针对各院系特点的专门的健康和发展咨询部门，配备既了解心理辅导知识也了解本院系特点的专门人员。院系层面上的心理辅导室，可以借助高校心理辅导中心的力量，为每个本院系的学生建立心理健康档案，使得院系心理辅导工作成为高校心理辅导的有效补充，同时，也能在第一时间为院系学生提供心理帮助。

目前，我国很多高校都对辅导员提出考取心理咨询师职业资格证书的要求，很多辅导员也顺利通过考试，获得了心理咨询师职业资格证书。所以，院系学生工作管理系统已经具备建立心理健康辅导室的师资条件。院系在辅导学生心理健康时要注意：一是制订学生心理健康干预预案，完善学生心理健康档案；二是举办心理健康活动，普及心理健康知识；三是做好心理辅导和咨询工作；四是认真进行学生心理状况摸排工作，妥善处理好有心理问题倾向的学生的心理干预工作。

3. 成立院系学生就业创业指导中心

在院系层面设立院系就业创业指导中心，其职责是利用相关学生工作管理人员的专业优势，指导院系学生制订职业生涯发展规划，为毕业生提供与专业相关的求职技能和就业信息，指导学生从事创业活动等事务。院系就业创业指导中心应加强与高校就业创业指导中心的合作，利用院系的专业优势，加强与相关企业的联系，为学生提供高质量就业创业服务。

院系就业创业指导中心要牢牢抓住就业创业服务和就业创业指导这两条主线开展工作，做到重点关注、重点服务、重点推荐，谋求整体突破，提高毕业生就业率。

（三）加强院系学生工作管理队伍专业建设

优秀的学生工作管理队伍是基层院系学生工作管理开展的组织保障。一支高水平的学生工作管理队伍，是基层院系学生工作管理开展的有效保证。我国高校基层学生工作管理者称为辅导员，要打造一支优秀的辅导员队伍就要注意以下几个方面。首先，要建立辅导员的聘用选拔体系。以"专业化、科学化"为原则，在选拔过程中不仅要考核辅导员的专业知识还要考察辅导员的作风、纪律、观念，要高标准、严要求。其次，要建立辅导员培训发展机制。结合高校学生工作的特点，制订辅导员培养计划，可根据实际制订出固定培养机制、临时培养机制。再者，要建立辅导员队伍的绩效考核和监督评价机制。实行量化考核，对辅导员的工作进行动态管理，要增加考核工作的透明度和实效性。最后，要建立辅导员激励和淘汰机制。要重视辅导员的个人发展，在辅导员的评先评优、职务晋升上要建立起完善的机制，对于考核中表现不及格或者在任期内发生重大事故的辅导员要进行批评和教育，严重者要从辅导员队伍中除名。

院系学生工作管理办公室要注重专、兼职辅导的学习培养和教育管理，专、兼职一视同仁，责权利清晰，形成一支团结上进、富有朝气和战斗力的辅导员团队。通过辅导员培训、交流和考核等多种形式，着重提升辅导员的以下五种能力。

1. 服务大局，提升凝聚力

学生工作管理队伍要紧紧围绕高校奋斗目标、紧扣高校发展定位、紧跟高校发展步伐，做到"盯得住目标不偏离、耐得住寂寞不放弃"。全体辅导员和学生工作管理者要互帮互助，团结协作，共同进步。

2. 加强修养，提升道德力

要求辅导员示范德行，带头遵守校纪校规。在工作中做到平等对待学生，牢固树立以学生为本的理念，尊重学生创新性，关心学生疾苦，了解学生的难处，始终不忘责任，不辱教师的神圣使命。

3. 持之以恒，提升学习力

首先，院系要为辅导员提供学习的平台，为辅导员"充电"提供良好的环境。其次，要培养辅导员独立思考的能力。因为当前我国高校从事专职辅导员工作的人员大多数是刚刚参加工作的研究生或者本科毕业生，社会阅历不足，缺乏处理问题的经验。最后，辅导员要坚持理论与实践相结合的原则，努力把理论知识转化为谋划学生工作管理的思路、解决学生问题的办法和推动学生工作管理的本领。

4. 与时俱进，提升创新力

院系还在一定程度上要求全体辅导员努力探索学生工作管理新途径，解决学生工作管理中出现的新问题。

5. 爱岗敬业，提升执行力

要求每一名辅导员勤恳踏实、爱岗敬业，做到坚持政策不走样，灵活把握不教条。同时，认真负责，经常深入班级寝室，了解学生情况，解决学生矛盾，疏导学生情绪，坚持处理矛盾讲究策略、解决问题注意方法。

三、完善院系学生工作管理的内容架构

（一）构建以学生安全管理为基础，促进学生全方位发展的保障平台

高校基层院系学生工作管理最基本的职责是保障学生生命、健康和财产安全。院系必须采取有效措施构建一个安全、稳固的平台，为学生创造安全的学习、生活环境，以保护学生的生命健康和财产安全。

1. 要牢固树立安全第一的思想

利用网络、板报、展板、开主题班会等形式，经常性地开展安全法制教育，使安全防范意识更加深入人心。比如：加强学生的安全意识，特别是防盗、防骗意识。

2. 加强对特殊学生的管理

院系学生工作管理者要时刻掌握特殊学生的情况和思想，一旦发现问题，要及时进行干预，必要时上报高校学生工作管理部门，寻求更高层面上的帮助。同时，还要关注产生问题的原因，以从根源上解决问题。如针对家庭困难学生，院系可以提供一些勤工助学岗位或者发放困难补助，帮助其解决经济问题；对于有学习方面困难的学生，学院安排教师或者学习成绩较好的同学展开帮扶；对于确诊有心理疾病的学生，学院在保密的前提下，邀请心理健康教育中心的老师，为其做好心理疏导工作，避免问题的进一步恶化。

3. 完善校园突发事件应急预案和高校公寓管理办法

要经常性地进行突发事件的演习，使得学生工作管理者在演习中不断丰富经验，当危机来临时，可以以良好的心态和恰当的方法来应对。建立完善的危机预警机制。一个完善的危机预警机制，是院系面对危机的最主要的手段之一，对于解决危机起到不可估量的作用。

（二）构建指导学生成长成才、促进学生全面发展的服务平台

当代大学生应当具备的各项能力，概括而言可以归纳为思想领域和实践领域两方面。其中实践领域包含专业技能、人际交往能力、应变及抗压能力等。

1. 文化领域

大学生的文化素质主要通过理想信念教育来实现，而基层院系学生工作管理的核心就是学生党建工作。共产主义理想信念、社会主义核心价值观等先进的文化理念应成为当代大学生必须懂得的真理。因此，新时期下，学生党建工作应成为基层院系学生工作管理体系的核心，把院系建设成为对学生进行理想信念教育的主阵地，以党建工作推动其他各项教育工作不断向前发展。

2. 实践领域

基层院系学生工作管理的主要内容是全方位的学生发展指导。学生的全方位发展是院系学生工作管理内容的本质所在，以学生全方位发展为依据，建立起培养学生综合技能的帮扶指导平台。第一，构架学生的专业规划。第二，指导并培养学生适应社会的各项能力。院系必须充分了解当前的社会发展现状，结合当代学生的各类特点，有针对性地组织开展相应的活动，制订行动方案，且贯穿于大学生活的始终。

第四章
高校学生管理机构与队伍建设

第一节　高校学生管理机构的设置

一、高校学生管理机构应遵循的原则

一般来说，设置大学生管理机构应遵循的原则主要有以下几个方面：

(一) 系统整体的原则

大学生管理工作是高校这个大系统中的一个重要的支系统，这个系统的管理目标与高校的培养目标是一致的，即"维护高校正常的教学、工作和生活秩序，保障学生身心健康，促进学生德、智、体、美、劳全面发展"。具体地说，就是要对学生的思想品德、专业学习、体育锻炼、劳动实践、课余活动、行为组织、生活起居以及分配就业等问题进行全面管理。因此，大学生管理系统是个多因素、多层次、多系列、多功能组成的结构群体。这个结构群体中的各要素、各系统、各层次间存在必然的内在联系，要素和结构整体是不可分离的。因此，整个大学生管理系统组织结构中设置的任何一个部门，任何一个管理层次，任何一个管理序列，都必须注意它们之间的功能联系及其同整体管理效能的关系。否则，必然导致整个系统管理作用减退和管理功能紊乱。因此设置大学生管理机构必须依据系统整体原则，深入分析了解各学生管理机构和它们的构成因素在整个学生管理工作中的地位和作用，以及分析它们之间的相互依存、相互制约、相互促进的关系，寻求学生管理机构的最佳组合，将各级、各类、各环节的学生管理活动协调于学生管理系统的整体行为之中，不断推进大学生管理向机构体系最佳状态发展。

目前，我国绝大部分高校内部领导体制是党委领导下的校长分工负责制。大学生管理的机构设置从系统整体这一原则出发，就必须做到设立的管理机构系统与高校内部领导体

制相适应，避免学生管理工作因多头领导而造成指挥系统紊乱。同时，要注意消除机构重叠、工作重复的弊端。至于职能分散，则是在某些机构完成同样的职能时反映出来的。当然，另外一种情况同样是系统整体原则所不容许的，即某种职能总是从机构所担负的责任中漏掉，或者被排斥在所设置的机构之外。只有依照系统整体原则来设置学生管理机构，使各机构职能范围清楚，责任明确，功能彼此相对独立而互补，才可能建立一个从上到下的强有力的工作系统，从而有利于避免学生管理工作多中心的混乱状态，达到对学生的成才全过程进行有秩序管理的目的。

（二）层次制与职能制结合的原则

层次性是所有事物组成的普遍规律。高校的大学生管理系统中有校、系、年级、班、组这样几个层次，层次制指的就是高校这种纵向划分的方法。职能反映的是管理机构的各个系统可能的活动领域，反映的是某些性质不同的工作集合，这些工作的开展为实现系统的最终目标提供保证。

从高校一级来看，学工委办公室（学生处）、教务处、总务处、宣传部、团委等就是职能单位，在学生管理系统中，它们都从不同的角度对学生进行管理。考察合理的学生管理机构设置，应该主要从职能制角度出发，但也不能忽视层次制。在设置学生管理机构时，必须考虑到，在其他条件相同的情况下，层次的增加会导致所需处理的信息量的扩大，领导者负担过重，会增加系统内活动相互配合的困难。而且随着管理层次和每一层管理内容的增加，便会出现由于管理过程复杂化而造成效能下降的情况。

目前我国大学生管理机构设置的普遍情况是层次越高，职能制单位越多；层次越低，职能制单位越少，但直接管理的对象却越多。因此，根据整体原理，机构设置中要有全局观点，要考虑到上下左右的联系沟通，使机构减少到最低限度，便于低层次中建立起相应的机构，使职能制与层次制相结合，互相补充，以取得最佳管理效果。

（三）职、责、权相一致的原则

机构设置与人员配备坚持职、责、权一致的原则，是发挥部门职能作用和使其协调一致的关键问题。职是职务、职能，责是责任，权是指依据职能、任务所赋予的权力。职责应有明文规定，并与权相一致。

明确每一机构的职能，使在其中任职的工作人员都能与他们的技能水平和能力相等是非常重要的。要严格地确定和分配职能以保证各机构对自己所完成的全部任务负责，并达到精简不必要机构的目的。在设置机构和安排职务时应该本着任人唯贤的原则，因事而择人，安排适当人员，合理地分配任务，使职责统一，并按履行责任的需要，授予相应的权力，做到各个机构、各个部门都要有分工负责，要从上到下建立岗位责任制。明确各管理层次和职能的职责范围、权力界限，使每个工作人员都能各司其职，各尽其责，各善其事。而且要严格岗位责任制的考核，以纠正过去职责不清、赏罚不明的现象，形成一个有效的、有秩序的学生管理新格局。

这里要注意的一点是，在职责过分具体化和工作人员任务过于狭窄的情况下，也会束缚他们主观能动性的发挥，甚至在发生突发事件时，丧失有效管理的可能性。因此，对每一机构和每一个工作人员来说，责权一致过程中重要的是要确立他们所履行的职能的适宜性和特殊性程度，这同样是保证管理机构符合责权一致原则的前提。

（四）集中管理与民主管理相结合的原则

集中管理与民主管理可以说是当代大学生管理两个不可分离的组成部分，它们互为前提。只有高度集中，学生管理工作才有高效益，但也只有充分发扬民主，才能更有利于保证管理过程的高度集中。因此，大学生管理的集中化和民主化的相互关系在管理机构实际履行职能过程中得以体现，它在很大程度上预先决定着能否达到系统所要实现的目标。集中管理的主要任务是根据学生管理工作的特征，作出统一的管理战略决策。

在垂直联系的系统控制之下，常常是高校最高层领导人的责任范围不适当地扩大，他们不仅被授权作出管理战略方面的决策，还参与具体管理活动，留给他们处理重大问题的工作时间很少。随着学生管理系统的复杂化程度和管理信息的扩大，具有较强机动性特点的较低层次，尤其是系一级的学生管理活动就日益具有更大的价值。

因此，集中管理与民主管理结合原则的意义就在于设置或调整学生管理机构时要使管理机构内部的权力和责任进行相应的重新分配，尽可能地把战略性职能和协调性职能与具体的管理活动分开，在形成或改造管理机构的过程中，适当调整不同层次机构在学生管理工作中的参与决策、实施管理方面的作用。而且，在整个管理机构系统内，除了建立健全决策、执行系统外，还要建有监督、咨询和反馈系统，使整个管理组织具有良好的控制能力。

集中管理与民主管理相结合的另一个意义是，在设置大学生管理机构时，要建立起符合民主原则的管理机构和管理制度。要充分发挥管理对象，即大学生本身在管理中的作用。而要保证民主管理的实现，就必须通过不同的形式，吸收学生参与管理，使学生会和学生代表大会等学生自己的组织真正成为学生管理工作的有效监督系统和反馈系统，甚至在一些学生管理机构中也可吸收学生代表参加。这样，形成大学生管理机构系统在集中领导下的民主气氛，使学生管理工作达到最佳管理效果。

（五）因校制宜的原则

大学生管理机构设置方式在不同的高校，由于其所处的社会环境，它自身的历史发展，以及高校的类别、任务、规模、条件、学生来源、领导力量、管理人员素质及校风、学风等各种因素的差异，不可能达到相同的管理效果。即使是同一高校、同一机构内，由于管理者的素质及工作作风的不同，也可能产生各具特色的、多样化的管理效果。因此，各校学生管理机构的设置，只能因地制宜，因校制宜，在统一要求下，从实际出发，实事求是，根据工作需要，研究设置管理机构。一般来说，中等规模的高校与小规模高校的机构相比，可能更需要一种完善的学生管理机构，至于大规模高校的机构则更应该从上到下地加以周密考虑。组织机构的设置，各校可根据教育部划定的大原则、大框架结合本校自身特点，进行慎重而周密的试验，不断总结经验，不断探索，逐步摸索出适宜本校并能达到最优管理的学生管理机构设置方案。

二、大学生管理机构结构的形式与机构的设置

从理论上可以归纳为"直线型""职能型""直线参谋型""直线附属型""矩阵结构"等形式。目前，多数高校采用的是"直线参谋型"或"矩阵结构"形式。

"直线参谋型"的结构形式是把大学生管理人员划分为两类：一类是直线指挥人员，如校、系负责人，他们拥有对较低层次学生管理部门实际指挥和命令的权力，并对该组织的工作负全部责任；另一类是职能管理人员，他们是直线指挥人员的参谋，作为直线领导的参谋和助手，他们只能对指挥系统中的下一级管理机构进行业务指导，而不能对他们直接进行指挥和命令。

"直线参谋型"的最大优点是它的上下级关系很清楚。这种结构形式中的职能机构，是按照一定的职能分工，担负着学生思想、教学、行政、生活等方面的管理任务，职能机构通过各自分管的学生管理任务，对有关管理工作起着业务指导和保证作用。

具体说来，职能机构担负着以下职责：向领导提供有关情况和报告，提出建议和方案，供领导决策时参考；监督下级机构对上级领导的指示、命令和有关计划的执行、检查执行情况，以便更好地贯彻领导的指示和意图；协助各级领导，具体办理有关学生管理业务，为下级管理机构创造完成任务的保证条件，在业务上指导和帮助下级组织。"直线参谋型"结构领导关系简单，能始终保持集中统一指挥和管理，避免了机构系统中多头指挥和无人负责的现象，因此，学生管理方面出现问题就可以一级找一级直到问题解决，同时，各级领导人员有相应的职能机构做参谋，可以充分发挥其职能管理方面的作用。但是，事物之间除了纵向联系外，还存在着横向联系，"直线参谋型"的结构形式在实际执行中也有明显矛盾。

由于该结构系统的客观原因，在一系列组成单位中不得不分散管理职能，这样，当管理建立在把一切工作形式明确地独立出来和对职能有明确分配的时候，这种管理活动的每一个参与者就都能够明确目标。然而，虽然它们都是按照高校统一计划、统一部署进行工

作，但由于分管不同业务，观察和处理问题的方法、角度各有侧重，彼此间往往会产生矛盾。此外，在这种结构系统中，垂直联系高于一切，解决与战略任务并存的、大量的具体管理问题的任务和权力聚积在上层，诸如伙食问题、寝室问题等具体问题经常压倒一系列长远任务，而且使在系统发展过程中所产生的新任务的解决发生困难。

因此，需要有这样一些管理机构，它们能较好地适合于学生管理系统发挥作用，在较特殊的情况下，能有效地协调各方面的职能，而"矩阵结构"管理系统就是这样一种结构。在这种结构范围内，不是从现有的隶属等级立场出发，而是集中在所有形式的管理活动整体化和改进这些活动形式的协调动作上。因为只有这样，才能创造条件有效地促进管理目标的实现。例如，为了加强对学生的全面管理，为了开展评先奖优活动，在党委和校长领导下成立的学生工作委员会、奖学金评定委员会、毕业生分配委员会、群众体育运动委员会等，都是按照专项分工，把各职能部门工作从横向联系起来，形成全校学生管理工作的矩阵组织结构。

矩阵组织结构的特点是：纵向的是"直线参谋型"组织形式，按层次下达任务，各有关职能部门按其职责范围，分别按层次贯彻高校的学生工作计划；横向则是由职能部门抽人组成的，按其专项任务分工的组织，这些组织中的人同时接受职能部门的主管和专项主管的双重指挥。这些纵向的矩阵型结构有机地结合在一起，互相配合，对学生工作进行综合管理。

在这种结构形式下，原有管理结构仍然是完整的，但实质上，管理结构的权力关系和它的各个部门的职责却发生了变化，即把作出决定的责任和对执行情况的监督归为专项工作组织，而职能部门则从系统所要求的信息、管理工作的实施和其他方面来保证系统实现其管理结果。高校领导则可从一些非原则性的日常问题中摆脱出来，并可以提高管理结构的中间层、较低层次的灵活性和对解决问题的质量的责任感。

在具体机构设置方面，我国各大学的学生管理机构设置是多种多样的。传统的机构设置方式是党委、行政并行发展。有的高校在党委领导下设立学生工作部作为党委管理学生工作的职能部门，力图把学生管理工作统一抓起来。但由于学生工作部是党委分管思想教育的职能部门，不具备行政管理功能，因此，招生、学籍管理、毕业分配等具体的学生管理工作仍需由行政系统的教务处、人事处等负责，结果形成一场学生管理"接力"，教务处负责把学生招进高校，然后学生工作部组织实施思想教育，最后人事处来进行分配。

有的高校则设立学生工作处作为分管校长下属的从事学生管理工作的职能机构，把学生从入校到毕业分配全过程的管理工作统一起来。但在目前我国高校实行的校长分工负责制体制下，设置学生工作处也未能解决思想教育与管理工作脱节的问题，而且有时还会以管理代替教育，削弱学生的思想管理工作。因此，有的高校直接采取学生工作部与学生处并存，甚至采取合二为一的机构设置方式。这样的机构设置，从整体讲，学生工作高度集中统一，思想教育与学生管理融为一体，工作效能比较高。但是，这种党政合一的机构设置也存在某些不合理因素，而且作为一个职能部门，试图把分散、多头的学生管理工作统一起来，在客观上仍然是较难做到的。

在最近几年，有的大学出现了由党委和校行政委派组成的一个专司学生工作的综合性机构——学生工作委员会。它的主要职责是对学生管理工作进行整体协调，对学生的思想管理、学籍管理、行政生活管理等管理工作进行决策，对学生工作的经验进行总结、交流、推广。在学生工作委员会下设办公室(或学生工作处)作为自己的办事机构，通过该办事机构使学生工作委员会这个综合性机构处于相对稳定状态，把各职能部门所承担的学生管理工作整体化，形成一个紧密联系的、封闭的管理体系。

根据这一指导思想，各系成立相应的学生工作领导小组，全面领导和协调本系范围内的学生管理工作，各年级成立由辅导员、班主任及有经验的任课教师参加的学生工作小组，协调本年级的学生管理工作。通过校、系和年级学生工作委员会和领导小组的作用，把传统的以纵向直线为主的管理系统，分层次地从横向上联系起来，形成学生管理机构的矩阵结构体系。部分大学经过实践，感到这种学生管理机构设置有四个方面的好处：第一，符合简政放权原则；第二，学生管理工作有了一个强有力的统一指挥机构，整个学生管理工作的计划、实施、检查、总结成为一个体系，符合科学管理原则；第三，大大减少了管理上的一些不好现象，符合高效管理原则；第四，信息反馈比较灵敏而且方向稳定。

学生管理工作委员会与职能部门固定机构相结合的大学生管理机构设置，在实践中表现出它的优势，很可能是我国大学生管理机构设置的发展趋势，如何充分发挥所设学生管理机构在新时期大学生管理工作中的作用，还有待于在管理实践中不断完善。

第二节　高校学生管理工作队伍的建设

大学不仅要有高效合理的管理机构，严密有效的规章制度，更要有一批精明能干的管理干部，依靠他们的积极性和创造精神去工作，有了这样几方面的完美结合，大学生的管理工作才能取得理想的管理效果。可以说，管理大学生一切工作的支撑点在于管理干部。最大限度地调动和发挥广大学生管理干部的能动性，形成目标高度一致的管理工作集体，组织以人才培养为中心的协调的、高效率的、有节奏的管理活动，是大学生管理工作的实质，其核心是建设一支素质高、结构合理、战斗力强的大学生管理队伍。

一、高校学生管理队伍建设的意义

第一，在管理的本质和职能的体现上，大学生管理队伍起着决定性作用。大学生管理是高校管理工作的主体，是从管理上保证高校完成培养合格人才的一项系统工程。它直接关系到高校的安定团结，关系到正常秩序的建立，关系到能否教育学生抵制错误思潮和不良风气，以建立良好的校风学风，促进学生健康发展，自觉成才。

高校学生应当具有坚定正确的政治方向，热爱社会主义祖国，拥护中国共产党的领导，积极参加社会实践；应当具有为国家富强和人民富裕而艰苦奋斗的献身精神；应当遵守法律、法规、校规、校纪，有良好的道德品质和文明风尚；应当勤奋学习，努力掌握现代科学文化知识。这体现了大学生管理的本质，适应了社会主义政治、经济对大学生管理工作的要求。

然而，学生管理目标能否实现，直接起决定作用的是管理干部。由于大学生管理是以人的集合为主的系统，其管理工作充满着教育的特点，因此，管理干部在学生从入学到毕业的在校阶段的学习、生活、行为的全过程中发挥着不可替代的组织、领导、督促检查、控制、协调、指导帮助和激励、惩罚等方面的决定性作用。可以说，在高校这个培养人才的系统中，无论从诸因素的相互关系去分析，还是从各个工作环节去分析，作为以教育者为主体的管理干部，始终处于主导地位，涉及学生成长的一切工作是通过他们进行的，高校工作的成果，培养人才质量的好坏，归根到底也依赖于他们。因此，加强科学管理尤为重要。而管理干部，特别是领导干部在体现大学生管理的本质和职能上起着决定性的作用。

第二，在高校人才培养目标的实现和各种教育要素的构成上，管理队伍起着骨干作用。高校工作应以培养人才、促使青年学生健康成长为中心。大学生管理的目的也在于全面实现高等教育的目标，概括讲，就是提高管理水平，促进人才素质的提高，使大学毕业生能主动适应社会主义现代化建设的需要。

大学生管理的基本要素有四个：一是管理对象，二是管理队伍，三是管理内容，四是管理手段。在四个要素中，虽然管理对象是管理活动的主体，但是开展管理活动的主力却是管理队伍。管理对象要靠管理队伍教育培养，管理内容要靠管理者去制订，管理手段要靠管理队伍去运用和改革。任何先进的管理手段，都只能作为辅助工具，不能代替管理队伍。

换言之，高校的一切工作，包括正常的教学、生活秩序的建立和维护，学生良好行为习惯的养成，严谨、科学、优良作风的培养，德、智、体、美、劳的全面发展，都需要管理队伍去精心决策、计划、组织、指挥和控制。而且，随着国家建设的需要，高校培养人才的任务日益繁重，可以说是以往任何时期不能比拟的。因此，时代对大学生管理队伍的要求也越来越高，大学生管理队伍在高校人才培养目标完成上的作用也越来越重要。

第三，在大学生管理规律的掌握和管理原则的贯彻上，管理队伍发挥着主导作用。管理队伍对管理的本质和职能的决定作用，以及完成管理任务时的骨干作用，都是管理队伍在大学生管理工作中的主导作用的体现，而发挥管理队伍在培养人才工作中的主导作用，又是管理过程中掌握管理规律和贯彻管理原则的需要。

管理过程是学生在管理工作者指导下认识客观世界的一种特殊的认识过程。在此过程中，存有多层次多方面的关系、矛盾、规律，而管理队伍与学生两方面的活动乃是管理过程中最主要的活动，发挥管理工作者的主导作用和调动学生自我管理的主动性和积极性乃是主要矛盾和主要规律。尽管管理过程中还有其他各种关系，诸如思想管理、行为管理、智育管理、体育管理、美育管理方面的关系，管物与管人的关系，学生管理与教师管理的关系，管理者的素养与管理效果的关系，管理效果与管理者对大学生心理特点、思想特点认识程度的关系，以及宏观方面的高校教育和学生管理与外部世界的关系等，但是，这些关系、规律都是从属于管理过程的总规律的。为了正确地反映和掌握这些规律，实现一定的管理目的，管理工作者经过长期的探索，提出了一系列管理原则：诸如为社会主义现代化培养合格人才的原则，实事求是、一切从学生实际出发的原则，系统综合管理原则，管理与教育相结合原则，民主管理原则等。

在这些原则中，发挥管理工作者的主导作用和启发学生的主动意识，与培养学生自我管理能力相结合应成为中心环节，而在管理工作者与学生这对主要矛盾中，管理工作者又是矛盾的主要方面，因为这些原则的贯彻归根到底还要靠管理工作者去发挥主导作用，还要靠管理工作者全面掌握和运用，进行创造性劳动，去启发学生配合管理，积极主动地按照德、智、体、美、劳全面发展的人才标准进行努力。

二、高校学生管理队伍组织建设

目前，在我国高校中直接从事大学生管理工作的队伍主要由年级辅导员和班主任组成。年级辅导员大都由青年教师或少量高年级学生、研究生来担任，其中包括一部分专职从事思想政治工作的青年干部，班主任则全部由教师担任。另外，在校、系两级还分别有一部分干部专职从事大学生的学籍管理、行政人事管理和思想管理工作，他们分别在大学生管理机构中担任一定的职务或是作为具体的工作人员。

从整体看，从事大学生管理工作的这支队伍，熟悉业务、熟悉高校环境、熟悉整个大学生管理工作规律，熟悉学生生理、心理等方面的特点，而且有干劲儿、有热情，能积极开展学生管理工作的研究，在高校管理工作科学化、规范化、现代化等方面不断跨出新步伐，取得新成果。但是从目前实际的学生管理情况和新时期国家对大学生管理工作的要求来看，这支队伍仍明显不适应需要。

高校的学生管理工作，除专职的学生管理工作者外，广大的业务课教师以及高校行政、教辅人员，也应是此项工作的承担者。不管教师或教辅、行政人员本人是否认识、是否承认，"教书"以及高校的其他管理工作都在起着"育人"的作用，都对学生思想品德、言行情操起某种规范、导向作用，这是不以人的主观意志为转移的客观规律。但由于各种原因，高校专业课教师中，能经常、自觉地管理教导的人还是少数，大部分人除了上课，其他管理、教育工作都推给了学生管理干部。由于高校学生管理工作队伍的力量是如此，也就不难理解高校学生管理工作为什么容易出现某种程度的宏观失控、微观紊乱的局面，也就不难理解大学生管理工作为什么多年来成为牵动全局的大问题。

加强学生管理队伍的建设，并不是简单地追求数量的增加。正确的方针应该是在保证相当数量基础上的少而精，使学生管理干部向这方面的专家方向发展。因此，要纠正过去那种认为学生管理干部只要能领学生劳动、打扫卫生就行的错误思想，要纠正把学生管理干部当成"全能"的错误倾向，有必要对高校现有的专职管理队伍进行适当的调整充实，对一些政治上、思想上不合格以及部分能力偏低、难以胜任工作的人另行安排工作，把那些有事业心、有组织能力，政治觉悟高、业务好的同志充实到学生管理工作岗位上来。

同时，要积极从高校的学生管理专业、第二学士学位班中培养学生管理干部，从优秀的毕业生或研究生中选留有志于学生管理工作的同志充实管理队伍。加强学生管理队伍的建设还要求建立独立于专业教师外的专业技术职务晋升体系，大胆果断地破格提拔他们当中的优秀分子，放到工作第一线的关键位置上去锻炼，使他们从亲身的工作中体验到成长和进步，一旦这样的机制形成后，这支队伍就会越来越精，越来越强。

建立一支专职的学生管理队伍，能保证大学生管理工作的连续性、稳定性。但是，学生管理工作是多因素、多序列、多层次结构的综合体，与过去相比，管理的内容和形式都发生了很大的变化。可以说，一个高校，只要有学生，就有管理工作。无论从时间角度，还是从空间范围而言，学生管理工作无处不在、无时不有。显然，学生管理任务单靠少数专职管理人员是很难完成的，因此，必须建设一支宏大的兼职学生管理工作队伍。

所谓兼职学生管理工作队伍，主要是指由专业教师或其他职工兼任的年级辅导员、班主任、学生导师，一般做法是从本校教师中，也可从研究生或本科高年级学生中以及高校其他政工干部或管理干部中选拔聘任。教师兼职从事学生管理工作，不但是因为他们与学生有天然的师承关系，对学生有较大影响力，而且他们在与学生的接触中，能及时准确地掌握学生的思想、情感、个性等方面的变量，可以从管理的角度给学生指点方向。因此，把学生的教育管理工作渗透于业务教学之中是完全可行的。

高校职工，尤其是直接接触学生部门的职工，在某种意义上都是大学生的管理者。这些职工若都能配合高校的管理目标，从各自的工作实际出发，协助做有关的学生管理工作，那就会使管理队伍在更广阔的领域得到延伸，使其成为学生管理工作的新"能源"。

现在关键的问题在于，高校必须用政策去调动广大专业教师和其他职工兼职从事学生管理工作的积极性，调动他们教书育人、管理育人的工作热情。因此，高校必须在具体工作中，真正体现出在工作的评估、职务的聘用上，把是否兼职从事学生管理工作，以及是否教书育人、管理育人作为一个硬性指标，既有定性的评估，又有量化的考核，以此激励广大教职工积极投身到学生管理工作中去。

加强大学生管理队伍的组织建设，还意味着要加强有着浓厚学术性的学生管理、咨询、研究力量的配备工作。这些工作既要面对学生中涉及的政治、历史、人生观、价值观和精神卫生、行为规范的问题，又要为高校领导做好调研工作，起到某种智囊团的作用，即通过他们自觉地用党的方针政策、用教育理论和教育科学衡量学生管理工作，促使学生管理工作科学化，并经常研究学生管理工作的周期性、规律性，促使学生管理程序规范化，以取得最佳管理效果的方法来改进管理过程。这一方面的力量主要应来自有相当理论基础的教师和有丰富学生管理经验的专任干部。

三、高校学生管理队伍制度建设

高校学生管理队伍制度要求为大学生管理工作的高效、高质开展提供了人员、队伍方面的保证，可以说，它完成了大学生管理队伍建设方面的"硬件"建设。但是，一支优质的大学生管理队伍，还要靠不断提出新的要求，制订工作规划，进行组织培养，才能不断提高管理队伍的思想水平、管理能力和学术水平。因此，必须加强大学生管理队伍建设方面的"软件"制度建设。

长期以来，许多地方和高校对大学生管理队伍的制度建设并未给予足够重视，认为有没有制度都可以工作。因此，在高校里普遍存在大学生管理干部定编紧、补缺难、提升慢、待遇差的状况。而且，大学生管理工作缺乏明确的工作目标和职责范围，人们往往把任何与学生沾边的工作都推给大学生管理干部承担，结果造成工作任务分配不均衡。学生管理干部整天忙于应付各种差事，很难集中主要精力研究如何改进、提高学生管理工作。

为适应新形势对大学生管理工作的要求，必须确立大学生管理队伍的职责范围，建立有关规章制度，使大学生管理队伍建设规范化和科学化，使大学生管理工作在最有效的、最可靠的、最佳的状态下进行。

大学生管理队伍的制度建设包括的内容有：大学生管理干部工作岗位责任制度、大学生管理干部工作评价监督制度、大学生管理干部的晋升考核制度、大学生管理干部的培养进修制度、大学生管理干部的淘汰制度等。这些制度中，工作岗位责任制度和评价监督制度必须首先明确。

(一)高校学生管理队伍的岗位责任制度

大学生管理队伍的工作岗位责任制度就是把学生管理工作的有关规定、要求、注意事项具体落实到每个管理者的一种责任制度，它使得每个管理工作者都有明确的分工和职责，并可为评价每个管理工作者的成绩提供依据。

各层次的大学生管理队伍的工作岗位责任可大致划分以下几处，具体内容如下：

校学生工作管理委员会主任肩负着统一指导和协调全校学生管理工作的重任，他要根据高校党委和行政学期工作计划，制订全校学生工作的学期计划，同时在学期内根据不同年级的不同特点，对阶段性的学生管理工作进行组织、安排和实施；定期分析学生思想动态，为党委和校长对学生管理工作的决策提供准确的材料；安排全校学生管理干部培训，并与人事处一起组织和落实学生管理干部的专业职务评定工作；根据全校学生管理工作的总体要求，协调全校各部门学生的思想教育、后勤服务、学籍管理等工作。

校学生工作委员会办公室（或学生处）主任在学工委领导下主管全校学生行政管理和思想教育工作。根据学工委的决定协调有关管理机构的学生管理工作，并积极配合、组织和检查基层学生管理工作；负责奖学金、贷学金的管理、评定、调整和发放；主管招生和分配工作；协助教务处进行学籍管理，办理退学、休学、复学和转学手续；检查和维护教学、生活秩序和纪律；统一处理学生来信及来访工作；掌握全校的学生统计工作。

系学生工作组组长在系党总支和系主任领导下，组织实施学生的学习活动和学生管理；认真组织和安排好政治学习和形势教育任务；抓好学生中党团的思想建设和组织建设；指导和支持年级辅导员、班主任开展工作；协助班主任做好学生操行评定、"三好"评比工作和毕业生分配工作，并努力掌握学生思想特点和发展变化规律，探索学生管理工作的经验。

年级辅导员负责统筹本年级或本专业学生日常思想政治教育和有关的学生管理工作，在系党总支领导下，组织好年级学生的思想教育、新生入学教育以及学生在劳动、实习、军训、毕业分配中的思想教育工作；负责协调安排本年级学生的社会实践及课外公益等活动；根据本年级具体情况，制订学期工作计划，指导、检查班级计划实施情况；对学生的升留级、休学、复学、退学、奖惩、奖贷、品德评定、综合测评、毕业分配等工作提出具体意见；开展对工作对象、任务、方法等课题及有关理论的科学研究工作。

班主任是高校委派到班级指导学生学习，负责学生管理工作，并配合党团组织和年级辅导员开展学生思想教育和管理工作的教师。班主任要坚持四项基本原则，用爱国主义和共产主义思想教育学生；引导和督促学生，指导班级开展各种学习活动，帮助学生改进学习方法，不断提高学习效率，并起好教与学之间的桥梁作用；全面了解和掌握学生情况，做好本班学生的品德评定，德、智、体、美、劳全面综合测评，评定奖学金、贷学金、困难补助、年度鉴定及毕业生鉴定等工作，做好班干部的选拔、培养和指导工作；指导学生的课余生活，加强学生的集体观念，培养团结向上的好班风。

导师由忠诚于人民教育事业、责任心强、品德高尚、教学经验较丰富、学术水平较高的讲师以上教师担任。导师工作侧重于学生专业学习的指导和学术思想的熏陶，兼顾思想教育工作，努力把思想工作深入专业学习的全过程，在对学生专业学习启发指导的同时，进行思想上的疏导，发现和推荐优秀学生，并向系提出破格培养的建议，全面关心学生，每年对所指导的学生进行考核，写出评语。

在建立具体的岗位责任制度时，应详细说明某一职位的大学生管理干部在任期内必须开展的工作有哪几方面，每一项工作要达到什么程度。而且，这些内容必须是有实践基础的，必须切合实际。

（二）高校学生管理干部的评价监督制度

开展大学生管理干部的评价监督具有多方面的作用：首先，确定大学生管理工作的质量标准，建立科学的评价指标体系；其次，评价监督制度能使大学生管理干部找出差距、增强自我调节的机能，在优化整个大学生管理工作的同时，发挥自己的特长和优势，努力创造出管理工作的新水平；再次，它能调动大学生管理干部的工作热情，促进职能部门之间的竞争，有力地调动大学生管理干部的积极性；最后，实行评价监督制度能够为决策机关在决定管理工作者的职务晋升、薪金（包括奖金）调整、人事调动时提供科学合理的依据，避免凭个人印象决定、论资排辈依次轮流等不合理做法，从而提高大学生管理干部的工作积极性。因此，无论从加强管理队伍建设方面来说，还是从强化管理工作者的素质、能力和工作责任感方面来说，都必须积极开展管理队伍的评价监督工作。

开展大学生管理干部的评价监督工作，最关键的是建立有量和质的概念管理工作评价监督体系。一般而言，建立该体系应遵循以下几条原则：

1. 方向性的原则

评价干部的目的在于促进大学生管理工作的规范化、科学化，引导大学生管理干部立足现象，顾及长远，为培养社会主义建设所需的专门人才这一总目标高速、高效、高质地工作，力争大学生管理工作的最优化。

2. 可比性的原则

即评价的对象及其评价项目的确定必须有可比性，使评价项目有着基本相同的基础和条件，使各人之间可以按评价项目进行量和质的比较。同时，评价指标本身要尽可能量化，以期在更细的程度上求得同质和可比。对难以量化的指标则进行定性评议，使定量评价和定性评价有机结合起来，从而尽可能真实地反映出一个人的工作状况。

3. 科学性的原则

评价指标体系应能客观、真实、准确地反映各管理干部工作现状、成绩和水平。各级管理干部的管理工作相对独立而复杂，如年级辅导员，其工作范围非常广泛，建立指标项目不可能面面俱到，只能抓辅导员职责范围中的主要工作和集中反映辅导员工作成绩和水平的重要环节。

4. 可行性的原则

大学生管理干部工作评价指标体系应在不妨碍评价结果的必要精确度和可能性前提下，尽可能做到简要明白，简便易行，从而便于评价人员掌握和运用。

根据上述几条原则即可制订出一份与大学生管理干部岗位责任制相符的、定性定量相结合的、侧重于定量的评价指标体系，并要求各层次干部按其职责和评价目标开展工作，尽职尽责地把工作做好，这是开展评价活动的出发点和最终目的。

第三节　高校学生管理工作者的素质研究

一个高校，能否把学生培养成为充满朝气的，有开拓和创新精神，德、智、体、美、劳全面发展的人才，在很大程度上取决于各级学生管理干部的素质。高校需要那些能够遵循教育规律，按照理论政策办事，熟悉大学的教育、教学活动和学生思想状况，具有一定专业素养，掌握一定的专业知识、教育管理知识，处事民主，事业心和责任感强，大公无私，富有创造精神、科学精神和自我牺牲精神的德才兼备的管理工作者来进行管理。因此，必须大力加强学生管理队伍的素质培养，努力建设一支思想过硬、作风扎实的科学化、高效率的学生管理队伍。

一、大学生管理工作者素质修养的重要性

随着社会经济环境的不断变化，不仅引起了人们经济生活的重大变化，而且也引起人们生活方式、思维方式和精神状态的重大变化。这些变化促使高校学生管理系统中两个活跃因素——管理干部和青年学生空前地活跃起来，形成了管理活动中最有生机而又不甚稳定的因素。

随着现代科学技术文化的迅速发展，诸如网络等社会传播媒介的作用不断加强，高校学生管理活动也将受到越来越大的挑战。在这种形势面前，若只用传统的管理思想、管理方法、管理手段去进行经验管理，势必会遇到不可克服的矛盾，因此，高校学生管理工作者必须加强素质修养，完善自己的知识结构，更新工作理念，改进工作方法，以提高管理效果。

第一，大学生管理工作是培育人的工作，必然要求管理工作者首先具有较高的素质修养。高校的根本任务就是为社会主义建设培养大量德、智、体、美、劳全面发展的人才，

毕业生将成为社会主义建设各条战线上的骨干力量，他们的政治思想素质、精神状态将决定国家和民族的未来。大学生管理工作者和教学工作者一样都肩负着重要的使命，广大管理工作者必须善于研究学生思想和行为的活动规律，既要善于掌握学生共有的思想活动规律，又要了解不同学生不同的思想活动规律。既要了解学生共有的心理活动，又必须了解不同学生千变万化的心理活动，并根据学生思想和心理活动的共性和特性，有的放矢地开展管理、教育工作。

显然，大学生管理工作比一般管理工作复杂得多，也困难得多，它必然要求学生管理干部有较高层次的素质修养。如果他们的水平跟不上实际需要，他们在学生中的威信就不会高，工作也将难以开展。任何管理工作都需要特殊本领，有的人可以当一个最有能力的革命家，却完全不适合做一个管理人员。要管理就要内行，就要精通生产的一切条件，就要懂得现代高度的生产技术，就要有一定的科学修养。一个好的业务教师不一定是个好的管理干部，而一个好的管理干部必须是一个好的教师。因此，管理工作者一方面要进一步提高对管理工作的认识，下决心选拔品学兼优的毕业生和业务教师来充实管理队伍，另一方面管理工作者要加强素质修养，努力学习掌握自己所从事工作必需的科学知识和业务知识，并逐步精通、掌握其客观规律，成为学生管理工作的专家。

第二，学生管理是个"言传""身带"的过程，必然要求管理工作者全面加强素质修养。在学生管理工作中，"言传"是很重要的，如果没有党的教育方针以及有关大学生管理制度规定的宣传、教育，就不可能有学生自觉的规范行为。

但是，大学生管理系统作为"人—人"管理系统，与"人—机"系统的根本区别在于，它的工作对象是一个个有思想、有个性的朝气蓬勃的青年人，青年人的特点是都愿意获得教益，"身教"重于"言教"。如果没有管理工作者的率先垂范，身体力行，"言教"就成为"说教"，就不可能有多大的效果。因此，学生管理工作者不仅要具有较高的思想理论素养，而且还要有良好的作风和品德修养，在这些综合素养基础上形成自己的人格魅力，来吸引学生、教育学生，真正使自己既是教育者又是实践者，从而达到良好的管理效果。

由此可见，一个十分注意自己的思想意识和道德品质修养，注意理论学习和吸收新知识，不断改造自我主观世界，不断完善自我知识结构，不断改善管理工作方法的人，必然是一个深受广大学生欢迎的、卓有成效的管理工作者。

第三，学生管理工作要求管理工作者的素质修养具有时代精神。应当承认，在改革的时代，许多新的管理内容、管理形式和管理方法，在还没完全学会的时候，实际生活又为我们提出了许许多多新的理论、新的问题。管理者的管理对象也在发生变化，现代的大学生较以前的学生来说，他们的文化水平、专业知识都在不断地变化和提高，他们对社会生活的介入越来越深，他们的思想观点及理论成果同社会进步、国家发展有着至关重要的联系。因此，这种情况给大学生管理工作带来了一定的难度，需要他们进一步加强管理的预见性、警觉性、原则性、示范性，需要更新观念，跟上时代，增加知识，提高本领。

目前，大学生管理工作要联系实际，要渗透到专业教学中去，使行为规范化成为学生的自觉行为，要和思想教育紧密结合，要努力创造一个和谐、健康、向上的育人环境，要有处理突发事件的能力等，所有这些，都使大学生管理工作具有很大的开拓性。毫无疑问，这对大学生管理工作者的素质修养提出了更高的要求。

应当说，大多数学生管理工作者是具有良好的素质修养的。但是，随着社会的进步，管理工作者也必须要再学习，要接受新事物，要研究新问题。提高素质修养是永无止境的，大学生管理工作者要以一个日益发展的现代世界为坐标来看待人们素质修养的提高，要及时调整工作姿态和知识结构，及时而科学地吸收人类创造的精神文明，使自己具备自我调节、变革自身的能力，不断地进行素质结构的新陈代谢，要具有强烈的时代精神，在提高学生的思想、政治、文化素质方面积极地发挥应有的潜能作用。

二、大学生管理工作者提高素质的基本途径

加强学生管理工作者的基本素质培养，不仅是个人修养问题，而且还直接关系到这支队伍的管理效果和威信。因此，提高学生管理工作者的素质修养，是高校的一项长期任务，也是加强学生管理工作，更好地培养人才的当务之急。

要提高学生管理工作者的素质，使学生管理工作提高科学化水平，除了需要管理工作者本人勤于读书，勇于实践，善于总结，不断追求素质的自我完善外，更需要各高校从思想高度认清提高学生管理工作者素质修养的意义，积极探索能达到大学生管理目的的有效途径。

(一) 开展全员培训

学生管理工作涉及因素很多，是一个复杂的大系统。要完成这种具有强烈的科学性和探索性的学生管理任务，学生管理工作者的素质从总体上来说，就不能仅仅具有文化知识和一般的管理经验，而且还应具有相当高的管理科学、教育科学以及有关学科的理论素养，具有一定的科学研究的实践锻炼，具有一定的调查研究、系统分析、理论研究的能力。

要想提高大学生管理工作者的素质，必须通过全员培训的途径，对在高校中从事学生管理工作的干部，不论何种学历、职务、年龄、职别，不论在何种岗位，都要无一例外地进行管理素质的培养、提高。首先，全员培训包括上岗前的基础培训，这是为取得学生管理岗位资格服务的；其次，经过一段管理实践之后进行人员的培训，以便从广度和深度两方面增加管理业务知识，进一步提高管理水平；最后是研讨性的培训，主要用以解决知识和理论的更新问题，通过研究讨论，促进学生管理工作者素质的提高。

（二）应用理论学习与研究实践相结合的方式

理论学习与研究实践相结合的方式，要求高校一方面能提出学生管理工作中需要探索研究的课题，鼓励广大学生管理工作者踊跃选择课题，组织立项研究，并对立项研究的课题提供必要的理论书籍、文献资料，为学习有关理论创造必要的条件；另一方面，制订学生管理改革的研究立项和研究成果的评审、奖励制度，在评定优秀成果时，要审查其立论的理论依据以及理论飞跃的科学性，以此激发广大学生管理工作者有针对性地学习有关科学理论的积极性。另外，还可经常开展理论咨询、讨论等多种活动，组织学生管理工作者分析学生管理过程中出现的实际问题，总结实践经验，进行理性概括。这样，就有可能通过研究实际问题提高学生管理工作者的理论修养和各方面的素质水平。

（三）加强考核制度，实施奖励政策

对学生管理干部要定期考核其管理知识和相应的专业知识，考核其管理工作的技能和管理实践能力，形成其不断提高自身素质修养和管理水平的外在压力，对于一些在学生管理岗位上进行学生管理研究并取得成果，同时在管理实践中做出成绩的同志，授予相应的技术职务，对干部晋升，不仅依据其已有的工作成绩，而且还要有高水平的综合素质修养要求，并以此来测定和推断其对新的重任所可能承担的最大系数。对在学生管理领域的研究工作中取得显著成绩和优秀成果的管理工作者，应与取得其他科研成果的工作者同等对待，给以相应的表彰和奖励。

三、大学生管理工作者的素质要求

（一）具备思想政治素质

这是高校学生管理工作者应该具备的最基本的素质，具体包括以下几个方面：

1. 立场问题

所谓立场就是一个人在观察和处理问题时所处的地位和所抱的态度。学生管理工作者所从事的大学生管理工作是培养人才的工作，是一项思想性很强的工作。因此，学生管理工作者必须坚定自己的立场，忠诚于教育事业，全心全意为人民服务；必须在思想上热爱学生管理工作，做好学生的教育和管理工作。

2. 思想观点

它与立场是统一的，一定的立场决定一定的观点。只有确立坚定的立场，才能更好地去观察、研究和解决问题。这就要求其必须树立正确的思想观点，坚持全心全意为人民服务，以群众路线为基本观点，这是做好学生管理工作的可靠的思想前提。

3. 政治品质

其主要表现是：在任何情况下，坚持原则，对人对事不带个人成见，不以个人好恶为转移，襟怀坦白，光明磊落。有没有高尚的政治品质对于学生管理工作者来说不仅涉及个人的组织性修养，也直接关系到能否按党的政策，把广大学生的好思多学的积极性引导到正确的轨道及团结到党的周围。

4. 理论政策水平

主要指认识理论政策、理解理论政策、执行理论政策的水平，就是能够按照国家政策结合学生实际情况正确区分和处理不同性质的矛盾，正确区分思想问题、认识问题和一般学术问题的界限，有效地做好学生管理工作。

（二）具备知识素质

学生管理工作既有理论性又有实践性，管理的对象又是具有较高文化素质和丰富知识的青年学生，因此，大学生管理工作者在总体上必须有相当高的知识水平。具体来说，学生管理工作者的知识素质包括四个方面：

1. 理论基础

高校是各种思想、学术观点集中反映的地方，当代大学生往往又具有思想活跃、勤于思考等特点，他们愿意接受真理，他们涉猎的知识面比较宽，但由于受社会阅历等限制，专业水平、理论修养、判别能力较低。

因此，学生管理工作者只有努力学习专业理论，自觉而牢固地以正确的立场、观点、方法去指导管理工作，才能在各种思想观点面前目光敏锐，明辨是非，站稳立场，也才能引导青年学生坚持原则、坚持社会主义方向。

2. 学生管理方面的知识

要掌握一些管理的科学与艺术，掌握管理的技术和方法；要了解教育学、心理学、社会学等学科的知识，使自己具有决策、计划、组织、指挥等实际管理能力；强调管理方面的专业知识。学生管理工作者应努力学习，提高自己管理专业知识方面的基本素质，提高自己的管理才能，逐渐使自己成为合格的管理者。

3. 尽可能了解与学生专业有关的基础知识，掌握教学规律

有条件的还可兼任一些教学工作，如专业课的教学，从而有利于学生管理与业务学习有机地结合起来，并建立威信。

4. 与学生兴趣、爱好有关的知识，如文学、史学、艺术、体育等学科知识

当代大学生喜欢从一些人物传记、格言和文学艺术作品中找到自己的影子和楷模，学

生管理干部运用这些东西可帮助学生加深对问题的理解，也能与学生有更多的共同语言，使管理工作更有成效。

（三）具备能力素质

这是指以一定的理论为指导，运用各种知识，独立地从事管理工作，开拓进取，解决现实问题的本领。对大学生管理工作者来说，他们的能力素质，最集中地体现在管理能力上。在复杂的环境下，这种管理能力在两方面表现得十分突出，具体如下：

一是综合能力。管理工作者面对的是为数众多、情况各异的大学生。这些大学生由于家庭环境、个人阅历、政治面貌、品质性格、志趣爱好以及年龄上的差异，他们对社会、高校、家庭等各种事物的反映也就不同，从而构成了千差万别的思想，并在学习、生活等方面反映出来。

二是分析研究能力，包括调查研究能力和理论研究能力。调查研究能力主要指深入学生之中，掌握第一手材料，经过分析和综合研究，全面掌握大学生情况的能力。理论研究能力主要是指结合实际工作独立进行分析研究，并使之上升到理论的能力。通过研究，找出管理工作的规律性东西，以推动学科的发展，指导管理工作。

（四）具备道德素质修养

大学生管理工作者具备高尚的道德素质修养，不仅对做好管理工作本身大有益处，而且能够对青年学生产生教育作用，且其意义更为重大。学生管理工作者必须能为人师表，要谦虚谨慎，勤勉好学，实事求是，办事公正，吃苦在前，享受在后，待人热诚，举止文明，从他们的言行中，广大青年学生就能汲取良好道德品质的营养。

高校学生理论水平较高，认识能力较强，他们对管理者的工作有相当的评价能力，从这种意义上说，学生管理工作者经常处于被剖析、被严格监督的地位，经常会听到严肃的批评意见，有时也会产生歪曲的评价，因此，管理工作者只有胸怀坦荡，宽容虚心，经得起批评，才能增强管理工作能力。

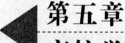

第五章
高校学生管理工作的基础性探究

第一节　高校学生组织与干部管理

一、高校学生组织

(一)高校学生组织的意义

组织是按照一定的目的和系统组织起来的团体，或者说把具体任务或职能相互联系起来的整体。其是按一定的目标所做的系统的安排，包括权力分配与责任划分、人事安排与配合，以便达到共同的目的。

无论是正式组织还是非正式组织，尽管其结构形式不同，活动内容也不同，但它们仍有其共同点，即职责(或权力)等级和任务的分工，都是一种开放性的适应性的系统。

所谓高校学生组织是指专业、年级、班级等不同系统为培养德、智、体、美、劳全面发展的建设者和接班人服务这样一个共同目的而组织起的领导团体，如学生党支部、团总支、学生会、班委会等。与其他组织相比，学生组织有其共同点，但更具有自身的特色。

第一，权力范围小。学生组织同样要进行职责划分和任务分工，但其权力范围要比一般组织小得多，不与社会生产及其他经济活动发生直接的联系。学生干部虽然参与行政管理活动，但没有直接制订政策的法定任务和权力，主要是执行。

第二，成员变动大。学生组织成员变动较为频繁，任职时间最长的也只有三年或四年，一般情况下，任职时间为一至两年，这是由高校学制期限所规定的。

第三，系统性强。除了校级学生组织跨系统外，其他学生组织均以系、专业、年级和班级为系统建立，一般与高校党政组织设置系统相适应。

第四，服务性强。学生组织的主要任务就是贯彻、落实和执行高校党政领导部门所下达的各项具体任务，直接为学生的思想活动、业务学习活动、文娱体育活动等服务。此外，其服务性强还表现在，学生所做的工作只是奉献和义务，没有任何报酬。

第五，民主性强。通常情况下，学生组织都是由民主选举直接产生的，没有任命制，只是个别或少数的采用聘任制。

（二）高校学生组织的设置

高校学生组织的设置必须遵循这样两条原则：

第一，精干的原则。精干的原则是高校学生组织设置所必须遵循的。不然，很容易产生人浮于事的现象，从而造成人力、物力和财力的浪费，工作效率不高。但是把精干原则理解为越少越好，造成不能完成工作，同样不符合精干原则的要求。因此，必须正确理解精干的原则所包含的两个方面的含义，即质量和效果。所设置的学生组织，既要在数量上满足工作的需求，又要在质量上满足工作的需要。这里所谈的数量和质量又分别有两个含义：数量是指工作任务量和干部成员的多寡，质量是指干部成员的素质和完成工作任务的质量，二者必须有机结合。

第二，统一的原则。组织结构完整严谨，职责划分合理，内部分工明确，协调配合得当，是统一原则的主要内容。具体要求是：一是把同一类工作任务归于某一学生组织或部门管理；二是专人专职负责，职责相称；三是指挥灵活，信息沟通渠道畅通；四是各部门之间经常性地交流信息、互相配合。

总之要做到高校学生组织设置科学、结构合理、上下沟通、信息灵敏，才能极大地提高工作效率，达到预期的目标。

具体来说，高校学生组织设置具体如下：

一是学生党支部。高校一般是以专业来划分系（部）的，再根据招生规定划分不同的年级，年级下设学生班级。高校建立学生党支部要与学生行政组织相对应，把党支部建立在系或年级或班级上。这样与行政建制相对应建立起来的学生党支部，使党支部的成员与本班、本年级的同学朝夕相处，熟悉情况，有利于党支部在高校各项中心工作中发挥政治核心作用；有利于党支部起到高校领导密切联系广大同学的桥梁和纽带作用，经常了解同学的思想状况，反映同学的意见和要求，有效地做好同学思想工作，进一步密切群众与领导关系；有利于具体指导和帮助团支部、班委会开展工作，提高工作效率。

二是团总支。一般来说，团总支以系（部）或年级为单位设置，团支部以学生班级为单位设置。校团委的主要领导职务由专职干部担任，其委员大多由学生担任。团总支书记由青年专干担任，副书记和其他委员由学生担任。团支部书记和委员以及团小组长均由学生担任。各级团组织成员的多寡，可根据高校实际情况来配备。团总支在接受校团委领导的同时，还要接受系党总支的领导。

三是学生会。学生分会以系(部)为单位设置,所有学生分会及下属组织的成员均由学生组成。校学生会除了接受校学生工作处(部)的指导外,还要接受校团委的指导和帮助。学生分会和班委会分别要接受团总支和团支部的指导和帮助。

(三)高校学生组织的作用

高校学生干部不是自发产生的,而是根据共同目标,按照一定的原则,在高校党委和各级党组织考察和培养的基础上,由广大同学或代表推选出来的。他们是贯彻执行国家的教育方针和高校党委的决议和意见的骨干分子。他们的工作是高校的思想教育工作的重要组成部分。

高校学生干部生活于广大同学之中,与广大同学有着密切和最广泛的联系,最了解、最清楚、也最易于掌握同学的思想状况。因此,对于广大同学来讲,学生干部最有发言权。但了解同学不等于就能当好高校工作的得力助手。学生干部要充分发挥高校领导联系广大同学的桥梁和纽带作用,当好助手,必须做到:主动关心同学的学习、工作和生活,注意倾听他们的心声,并及时向高校各级组织反映。对于广大同学正当的需求,要尽最大的努力去满足;对于不正当的或暂时不能满足的需要,要耐心细致地加以解释,做好思想教育工作。

二、高校学生干部管理

(一)高校学生干部与高校学生干部工作

帮助学生干部认识自己所扮演的角色及其特点,有助于起带头作用、骨干作用和桥梁作用的发挥,把同学紧密地团结在一起,勤奋学习,刻苦钻研,锐意进取,成为社会主义建设事业的合格人才。

1. 高校学生干部

(1)学生干部的含义

高校学生干部虽然与一般领导干部有着较大的区别,但仍然具有一般领导干部的本质属性。因此,高校学生干部就是充分调动学生的积极性和创造性去努力实现培养德、智、体、美、劳全面发展的建设者和接班人这一宏伟目标的集体成员或个人。

(2)学生干部的特点

一是队伍庞大。依据高校学生组织的设置要求,所配备的学生干部人数众多,一般要占学生总人数的三分之一以上。这一特点是由高校学生活动内容广泛而丰富的内在联系所决定的。

二是人才齐备。高校学生干部是经过高考筛选后再筛选,来自全国各个地区的学子,有能歌善舞的，有酷爱美术和体育的，等等。这为高校学生干部顺利地、生动地开展工作，带来了一个十分优越的条件。

三是热情高涨。高校学生干部都是20岁左右的热血青年，体力、精力充沛，思想上对未来充满十分美好的憧憬，敢想、敢说、敢为。

四是贴近学生生活。由于客观环境的作用，使得高校学生干部始终与学生同吃、同住、同学习，朝夕相处，形影不离。学生干部最了解学生，学生也最了解学生干部。学生干部的举动，学生都看得清清楚楚，这给学生干部工作带来了许多方便，可以使学生干部及时地了解同学的利益要求、思想动态等，以便制订出有效的工作计划，采取有力的工作措施，可以使学生干部的工作直接地接受学生的监督和检查，及时修正工作中存在的不足或失误，以便把工作做得更好。

2. 高校学生干部工作

(1)高校学生干部工作的含义

高校学生干部和高校学生干部工作是两个既有联系又有区别的概念，不能混为一谈。所谓高校学生干部工作是指高校学生干部运用一定的工作技巧和方法，按照一定的职责权利范围，充分调动本校或系或班或小组同学的积极性和创造性去努力实现培养德、智、体、美、劳全面发展的建设者和接班人这一宏伟目标的过程。这个过程包括确立目标、预测决策、制订计划、指挥执行、组织协调、指导激励、沟通信息、监测反馈、过程调控、工作评估，等等。

(2)高校学生干部工作的特点

一是执行性。高校学生干部和其他学生一样都是学生，处于受教育阶段，在法定方面上还没有承担高校管理决策的社会责任，同时尚缺乏应有的高校管理决策能力，因而，虽然要积极参与高校的管理活动，但不能做最后的决策。所以，高校学生干部工作的重要任务是贯彻执行和落实高校党政领导下达的各项工作任务。当然，在保证执行、贯彻和落实高校党政领导下达的各项工作任务时，要积极思考，富有创造性，采取各种行之有效的方式和方法去完成它。

二是广泛性。高校的一切工作都是围绕学生展开的，同时，又要通过学生干部工作这一环节落到实处，因而，高校学生干部工作必然要涉及高校工作各个方面，从而使其内容丰富而广泛。从总体上来讲，高校学生干部工作包括思想政治教育工作和日常事务管理两大方面。具体来说，在思想政治教育工作中，要组织经常性的大量党团政治活动，诸如政治学习、讨论，发展党员和团员，举行各种寓教育于活动的竞赛以及做好大量的经常性的个别思想教育工作等。在日常事务管理中，要抓校风校纪的建设、业务学习、文体活动、生活卫生等。

三是具体性。高校学生干部工作十分具体。例如，落实高校领导下达的开展"学雷锋户外活动"的具体任务时，学生干部要作出详细的计划和安排，把"学雷锋户外活动"的具体任务分派到个人，并且自始至终地参加活动的全过程。

四是复杂性。高校学生干部所做的一切工作就是要求同学按照高校的要求和规范去做，而人的行为是受思想支配的，这就是说，要使同学能按照高校的要求和规范去做，必须做好同学的思想工作。人的思想活动具有极大的隐秘性，而要打开学生的心灵之窗并非易事。此外，年轻的大学生(当然包括学生干部本身在内)世界观还不成熟，还缺乏观察分析周围事物的正确方法，因而纷繁复杂的社会现象反映到学生脑子里，就会产生各种正确的和不正确的思想观念。要帮助同学改变脑中那些不正确的思想观念，就必须找到产生不正确思想观念的根源。然而，往往由于人的思想活动的隐秘性特点，很难做到这一点，因而使得高校学生干部工作呈现出复杂性。

五是周期性。由于高校学制的制定和学期的划分，相应地高校学生干部工作具有明显的周期性，且周期短，一般为一个学期或一个学年度。但是，研究学生干部工作的周期性时必须注意，这种周期性的活动不是简单的圆周运动，因此，每一个工作周期到来时，在认真总结经验的基础上，要不断地分析新情况，研究新问题，采取新的方式和方法做好新的工作。

3. 高校学生干部工作是教学与管理工作的重要组成部分

(1)高校学生干部工作是高校教学工作的重要组成部分

教学质量与人才质量紧密地联系在一起，提高教学质量是高校的主要工作之一。加强教学管理是提高教学质量的有力保证，而高校学生干部工作是具体实施教学管理措施的有力保证。

第一，维护教学秩序。教学活动十分具体而又频繁，光依靠学生干事和辅导员以及任课老师远远不够，大量的具体细致的管理工作则依赖于学生干部。如果离开学生干部的努力工作，就很难保证教学活动的有序性和教学质量的提高。

第二，沟通教学联系。在教与学的过程中，一方面，学生们会时常碰到这样或那样的疑难问题需要解决；另一方面，教师为了提高教学水平，也需要了解学生对教学工作的意见和要求。因此，客观上要求及时沟通教与学之间的联系。此间，学生干部扮演着及时沟通教与学相结合的重要角色，从而使教与学双方得到有效沟通，及时解决学生学习上的疑难问题，提高教师的教学水平，保证良好的教学质量。

第三，促进良好学风的形成。学生干部组织广大学生开展一些学术研究活动，培养广大学生的学术研究兴趣和能力，同时，组织广大同学开展一些有益教学工作的活动，诸如百科知识竞赛、学习竞赛、学习经验交流、师生恳谈等。这些活动的开展，对形成良好的学风，无疑是不可缺少的。

总之，高校学生干部工作在教学工作中，对于维护教学秩序、沟通教学联系、形成良好学风、提高教学质量有着不可替代的作用，是高校教学工作中不可缺少的重要组成部分。

（2）高校学生干部工作是高校管理工作的重要组成部分

①弥补高校管理工作中的人员不足

良好的校风和良好的校园秩序的形成离不开严格的管理，二者之间相辅相成，互为因果。广大学生是良好的校风和良好的校园秩序的直接体现者。要管理好由不同民族、不同风俗习惯、不同性别等组成的大学生群体，使他们养成良好的习惯，自觉维护校园秩序，光靠高校专职行政人员和老师显然是不够的，也是不切合实际的。因此，大量的行政管理工作需要学生干部去承担。高校的规章制度需要学生干部去实施、去落实，特别是学生自我管理方面，学生干部工作显得尤为重要。对于这些工作，学生干部则完全有能力来承担，因为学生干部有着庞大的队伍，占学生人数的百分之三十以上，可以弥补高校管理工作人员的不足。

②弥补高校微观管理的不足

对于高校来说，要把关于学生在学习上、生活上等方面的规章制订得是否十分完整而具体，是很困难的。一般来说，高校只能从宏观上作出较全面的规定，在微观上就要求学生干部做出有力的补充，这种补充主要体现在以下两个方面：

第一，创造性地执行高校的规章制度。即要根据实际情况，如不同专业，不同年级，不同性别，不同生活习惯，不同特长、爱好、兴趣，等等，在保证执行高校规章制度的前提下，制订出符合学生实际情况的实施细则，使高校规章制度落到实处。

第二，及时调控宏观管理。宏观管理的依据，归根到底来自实践。学生干部较之高校行政干部来说，对学生的实际情况要了解得多，而且，高校宏观管理终归是为同学服务的。因此，学生干部及时向高校反映学生中的情况变化，可弥补高校调控宏观管理时的信息不足。

（二）加强高校学生干部管理的途径

高校学生干部提高自身的素质既是履行好自身职责，完成高校交给的各项任务的首要条件，也是把自己培养成为社会主义事业接班人的内在要求。接受高校有系统、有计划、有目的的组织教育与考核是学生干部提高基本素质的一条重要途径。怎样对学生干部进行有效的组织教育和全面的考核，加强学生干部的管理，也是摆在高校思想政治工作者面前的一个重要课题。

1. 加强组织教育

高校学生干部既是干部，又是学生，其成长与进步同样离不开高校组织的教育与帮助。因此，高校学生干部必须接受有系统、有计划、有目的的组织教育。当然，高校各学生工作部门也应该注意不能仅使用学生干部而忽视对他们的教育。高校应把通过组织教育来提高学生干部的基本素质纳入工作计划，作为培养合格的社会主义接班人的重要组成部分，从政治思想、理论修养、工作常识、基本技能等方面对他们进行全面、系统的培训。

（1）思想理论教育

高校学生干部是高校做好学生思想政治工作的得力助手，因此首先学生干部自身需要有扎实的思想理论基础。高校方面可以采取举办学生干部理论学习班等方式对他们进行行之有效的培训和辅导。对于学生干部中要求入党的积极分子要及时组织相关学习，使之接受更为系统、深入的思想理论教育。

在学习思想理论的过程中，学生干部应该紧密联系大学生的思想实际，避免为理论而学理论的现象。学生干部要从实际运用的目的出发，有针对性地、创造性地学习社会主义思想理论。能够运用这些理论去正确地分析处理工作中遇到的实际问题，善于用实践的观点、理论联系实际的观点、矛盾的观点、一分为二的观点来指导自己的工作，以增强工作的正确性与艺术性。

（2）世界观、人生观和价值观教育

高校学生干部要完成好自己的使命，除具有坚定的政治立场、较好的社会主义理论素养外，还要树立正确的世界观、人生观、价值观。这些思想观念的形成固然要靠学生干部自己在平时的学习、生活、工作中去自觉训练和加强，积极参加高校组织的有目的、有系统的教育和引导，则能较快和较好地树立起正确的世界观、人生观和价值观，从而对人生、对社会乃至整个世界各种现象持有正确的观点和态度。在这方面的教育与引导中，既可以采取讲座、报告会等方式集中统一地进行理论疏导，也可采取观看电影电视、阅读文学作品、参观访问等方式进行情感熏陶。思想观念的教育只有与情感熏陶并进，才能收到较好的效果。

思想观念的教育与引导要有针对性。通过人生观及价值观的教育，学生干部要对自身工作的意义有进一步的正确认识，增强工作责任感，正确处理奉献与索取的关系，克服当干部怕苦怕累的思想。树立了正确的人生观与价值观，学生干部就会从艰苦、复杂的工作中品尝到无穷的乐趣，就可以从为广大学生服务中品尝到助人为乐、无私奉献的甜蜜。

思想观念的教育与引导最后的落脚点是学生干部要树立远大的共产主义理想、坚定的共产主义信念和高尚的共产主义情操。高校学生干部肩负着十分特别的历史重任，在大学学习期间是高校各项工作的得力助手，毕业后将成为社会主义事业各条战线上的政治骨干与业务骨干，是国家的干部队伍建设中的一支不可忽视的后备力量。因此，学生干部必须认识到树立远大的共产主义理想、坚定的共产主义信念、培养高尚的共产主义情操，是社会主义发展对青年一代提出的必然要求。同时，这也是高校教育和培训学生干部所要达到的一个重要目的。

（3）常识教育与技巧训练

学生干部工作的效果与其所掌握的工作常识及工作技巧与方法是密切联系在一起的。学生干部接受高校系统、全面的工作常识教育和基本的工作技巧与方法的训练是十分必要的。

第一，掌握党支部工作的基本知识与方法。学生党支部的干部要熟悉党章，对党的基本知识要有全面的了解，要懂得党务工作的一些基本知识，因此要积极参加高校党组织举办的专门培训。此外，还要注意学会做细致深入的思想政治工作，善于了解他人，关心他人，及时发现问题，并及时解决。只有这样，才能充分发挥每一个学生党员干部的作用，把学生紧紧团结在党的周围。比如说发展大学生入党是一项艰巨而又重要的工作，它要求学生党支部的干部认真做好入党积极分子的培养与考察工作，这也就是要求学生党支部的干部要熟练地掌握党员发展工作的基本知识。因为，不懂得发展党员的基本知识，就不可能积极稳妥地做好党的组织发展工作，特别是不具备做深入细致的思想政治工作的能力，就不可能准确把握要求入党的积极分子的入党动机，组织发展工作便不可能有效地开展。所以说，学生党支部的干部要在高校党组织的专门培训下，熟练地掌握好党支部工作的基本知识和工作方法与技巧，充分发挥学生党支部的战斗堡垒作用。

第二，掌握共青团工作的基本知识与方法。共青团系统的学生干部要熟悉团章及团的基本知识，要善于把握青年工作的特点，善于团结号召青年。高校团组织要积极创办业余团校和团干部培训班、举行团干部经验交流活动等，为全面提高学生团干部的基本素质广辟途径，尤其是要注意为学生团干部提供团内实践活动的良好环境。学生团干部要在高校团组织的培训下，努力学会做青年大学生的知心朋友，善于把握青年人的思想脉搏，善于做深入细致的帮教工作，及时向党组织反映青年人的思想、意见和要求，使自己真正成为党在高校各项工作中的得力助手。

第三，掌握管理工作的基本知识与方法。学生会、班委会及其他社团学生干部的培训应该紧密结合各自的工作职责、工作对象的特点来进行，重点是提高管理水平，增强组织、指挥与协调能力，以便学生干部在高校管理、校园文化、体育活动等方面充分发挥各自的作用。

2. 加强组织考核

组织考核是提高学生干部基本素质的又一有效途径。它可以帮助学生干部及时发现自身的不足，正确对待所取得的成绩，从而扬长避短，全面发展。考核学生干部素质的途径很多，一般可分为高校组织考评、学生干部自评、学生考评三种，但应以高校考评为主。考评学生干部基本素质的内容有很多，但应以考评思想品德和心理能力素质为主。

（1）思想政治素质的考核

考核学生干部思想政治素质的方法有很多，但其中最有效的途径是对学生干部的实际工作进行认真的观察和分析，透过现象把握其政治立场、观点、态度、世界观、人生观和价值观等。对于具有较好的思想理论水平，并善于在工作中用正确的立场、观点与方法去分析和处理问题的学生干部，要肯定他们的成绩，并帮助他们进一步提高。对于思想理论基础还较差，在实际工作中一时还不能很好地用正确的立场、观点与方法去分析问题的学生干部，要指出他们的不足，并及时进行帮助。

实事求是地考核学生干部的基本思想政治素质既有利于高校增强对学生干部培训工作的针对性，以及准确地选拔和使用学生干部，又有利于帮助学生干部正确地认识自己、了解自己，从中受到教育，进而提高自身的思想政治素质。

(2)品德素质的考核

学生干部要履行好职责，除了要有坚定正确的政治立场外，还要有优良的品德素质。高校党的组织、领导及教师应该对学生干部的品德素质进行经常性的考核，及时发现他们的不足，并帮助他们克服，使之成为名副其实的骨干。

考核学生干部的品德素质要从工作作风、生活作风以及是否敢于开展批评与自我批评等方面入手，要注重在实践中考核。衡量学生干部是否有良好的品德素质的标准归结起来主要有三条：一是态度，即在工作上是否肯干、积极、认真和负责；二是服务，即是否乐于把自己的长处与能力最大限度地用于工作，是否乐于奉献，乐于为全体学生服务；三是律己，即在学习、工作和生活中是否严于律己，以身作则，勇于抵制不良倾向。

对学生干部的品德素质作出实事求是的考评后，要将考评的结果通过适当的方式与途径反馈给学生干部，使他们知道自己的不足及存在的差距，帮助他们在工作实践中不断地提高品德素质。

(3)心理素质的考核

针对学生干部的心理能力素质状况，开展及时、有效的考核是十分重要的。学生干部在工作中经常会遇到许多矛盾，需要处理好各种复杂的关系，如学习与工作的关系等，如果没有丰富的情感和顽强的意志，就很难做到大胆开拓、勇于克服各种困难而创新。如果没有较强的指挥、协调能力，就不可能很好地把学生组织起来，也不可能得心应手地处理好各种具体的工作关系和矛盾。一个学生干部是否有顽强的意志、丰富的情感，是否有宽厚的胸怀承受各种打击，是否有熟练的指挥协调能力，都可以从他的具体工作中反映出来。

因此，高校领导和教师要注重从工作实践中考核评估学生干部的心理素质能力，才能对学生干部的心理素质能力有客观的评价，有的放矢地帮助他们在实践中锻造自己，逐步形成高强度心理能力素质。

第二节　高校学生制度与体制管理

高校学生工作专职教师在开展思想政治教育和管理工作时，必须建立一套系统而完整的制度。制度是要求人们共同遵守的办事规程。制度的建立，必须遵循一定的原则，不可随意而定。制度制定后，要有人来执行，就需要有良好的体制来保证。

一、高校学生制度

管理这种职能活动，是伴随着人类社会有组织活动的出现而产生的。凡有人群活动的地方，为了有序而又有效地组织生产、学习、工作和生活，必须制定出能够调整人们相互关系的行为规范或行动的准则，这既是管理的需要，又是管理职能的具体体现。高校学生管理制度是高校学生的行为规范，因此，建立一套系统而完整的高校学生管理制度是十分必要的。

(一)高校学生教育和管理制度的意义

我国高校的规章制度是社会主义道德观念、行为观念、行为规范(即国家法规)、是非标准等在高校学生日常工作、学习和生活等方面的具体体现。它是全体学生必须遵守的行为准则；是培养自觉的纪律性，培养优良的道德品质和形成良好校风的重要手段；是实行科学管理，办好大学的重要保证。所以建立高校学生日常教育和管理制度，对办好大学具有以下几点意义：

1. 有助于充分发挥学生的积极性

大学肩负着培养社会主义事业的建设者和接班人的历史重任。为了完成这一光荣使命，高校就必须建立起符合大学教育工作客观规律、符合现代管理原理、充分体现社会优良传统和社会道德观念及行为规范的系统的高校学生日常教育和管理制度。这样，就能把全校学生的积极性发挥出来，形成一种远比个人力量总和大很多的集体力量，办好大学。

2. 有助于建立正常的学习、工作和生活秩序

现在的大学，少则上千人，多则上万人，而且是一个多层次、多学科、多系统、多结构的复杂的综合体。高校学生工作专职人员要把每个成员的智慧和力量最优化地组合起来，就必须在加强政治思想工作的基础上，建立起一整套的规章制度，使学生有规可循，做到学习、工作和生活井然有序。

3. 有助于培养学生高尚的道德品质，形成良好的学风

社会的精神文明，是社会的重要特征，是社会制度优越性的重要表现。思想建设决定着精神文明的性质，因此，培养学生具有正确的世界观，共产主义的理想、信念和道德；有为人民服务的献身精神和劳动态度建设科学的、与时俱进的高校学生管理制度，对培养学生高尚的道德品质和良好的学习、工作及生活习惯，无疑是意义重大的。

（二）高校学生教育和管理制度的基本要求

建立高校学生教育和管理制度必须符合以下几点要求：

1. 政策性

政策性是指高校学生教育和管理制度必须同党的路线、方针、政策和体现党的路线、方针、政策的国家的法律、法令、条例、决议、指示、规章、规程，尤其是党和国家的教育方针保持高度一致，而不能有丝毫的背离。党的路线、方针、政策和国家的法律、法令、条例、决议、指示、规章、规程等，是一个国家总的行为规范，是指导全局的，是制定高校学生教育和管理制度的依据。高校学生教育和管理制度则是党的路线、方针、政策和国家法律在高校学生日常学习、工作和生活诸方面的具体化。局部必须服从全局，否则就会迷失方向。

2. 整体性

整体性是指按照现代管理学观点，国家是一个系统，教育是属于国家的子系统，高校是隶属于教育的子系统，高校各部门是隶属于高校的子系统。系统是有组织、有层次的，各组成部分都是为了一个共同目标而形成的有机整体。高校学生工作专职人员必须树立全局观点，正确处理局部与全局的关系，正确处理学生的学习和课外活动的关系，以及团组织与学生会工作之间的关系等。在处理各种关系时，必须使整个系统处于协调状态，才能发挥整体的最佳功能，达到教育管理的最佳效果。

3. 民主性

民主性是指高校学生教育和管理制度必须符合广大学生的根本利益，并获得广大学生的积极拥护和支持。学生是管理的对象，又是管理的主体，在制订高校规章制度时，必须从学生中来，到学生中去，广泛听取学生意见，做到集思广益，紧紧依靠广大学生把教育和管理工作做好。

4. 科学性

科学性是指高校学生教育和管理制度必须符合高等教育的客观规律。任何领域都有其自身的规律，高校学生教育和管理制度也不例外，诸如教育和管理必须与学生的年龄相适应的规律，教育中知、情、意、行活动过程的规律等。一定要认识和严格遵守这些客观规

律，才能实行科学管理，充分调动各方面的积极性。同时，还要善于借鉴现代科学管理理论，不断总结高校教育和管理经验，把行之有效的传统管理经验与现代管理理论有机地结合起来，才能不断提高科学管理水平，提升管理效率。

5. 教育性

教育性是指高校学生教育和管理制度必须对学生起到教育作用，即能培养学生社会主义道德观念、行为规范、思想品质和严谨、务实、开拓、进取的工作作风。这样，同学们既有章可循，又有进取的目标，充分发挥规章制度本身的教育和激励作用。但是，必须指出的是，在规章制度制订和实施过程中，必须坚持政治思想工作领先的原则，把启迪、疏导作为一条主线贯穿规章制度的全过程中，这样，规章制度的教育性才能充分显示出来。

6. 严肃性

严肃性是指高校学生教育和管理制度必须做到令行禁止，奖罚分明，对任何人也不例外，使学生的行为得到规范。在建立高校学生教育和管理制度时，凡应规范的都要规范，各级学生组织和个人必须严格执行。在执行过程中，严格按制度办，不能时宽时严，时紧时松，坚决维护其严肃性。此外，要注意凡属将来才能规范的或者要创造条件才能规范的，就一定要留待将来或条件具备的时候再规范。只有这样，才能使制度有相对的持续性。

7. 可操作性

可操作性是指高校学生教育和管理制度应尽可能做到量化，制订出符合教育、管理实际的科学指标，并用分值表现出来。这样，不仅能使全体同学在实施的过程中做到心中有数，自觉约束自己，在检查处理时也能避免主观随意性。

上述基本要求，既有各自的独立性，又相互紧密地联系在一起。只有严格遵照这些基本要求而制订的规章制度，才是经得起实践检验而又有强大约束力和教育意义的制度。

二、高校学生体制管理

（一）高校学生行政体制管理

建立一套完整的大学生行政管理工作体制是做好大学生管理工作的重要保证。高校的整个行政管理体制是一个大的系统工程，而学生行政管理体制，只是整个系统工程中的一部分，或称为一个子系统。为了使整个学生行政管理工作能够跟上形势的发展，适应实际工作的需要，有必要对学生行政管理工作体制做进一步的分析，以加强体制的建设，逐步提高学生行政管理工作的水平。

1. 行政体制管理的模式特点

目前，高校学生行政管理体制，各种模式机构设置不尽一致，权限划分各有差异，每种模式也各有特点，具体如下：

（1）学生行政体制管理的散在模式

这一类型的高校，多数是在校学生数不太多，校领导有较多精力关心学生工作，各级学生行政管理机构干部配备较强，所以，它沿袭历史上我国高校学生行政管理工作体制，有如下特点：

①采取"直线职能参谋组织形式"

这一模式中，校长是唯一的行政负责人，有全面的领导和指挥权，对一切工作都负有全面的责任。各职能部门按照校长的要求，在业务上负有指导下属部门的权力和责任。各级组织在行政上相对独立，可充分发挥主动性。这样既保持了统一领导，又充分发挥了各职能部门的积极性和主动性。

②分权管理制度加强

在新形势下，为了适应高校管理的要求，高校将有关行政管理权限下放，如学生行政处分权，记过以下的处分由系级部门执行，如学生的奖学金金额，部分的单项活动或班、系活动奖励及补助系级部门有权决定，这也有利于调动各级组织的积极性，促进行政管理工作的高效运转。

③兼容一体，易于协调

这一模式无新机构设立，许多相关的相互交叉、相互渗透的工作，依然处于一个处室，如学生生活管理处于总务处，学生学籍管理的许多工作处于教务处，便于配合，易于协调。

（2）学生行政体制管理的专兼模式

这是从散在模式发展而来的，因此，它们之间特别是在权限划分上有许多相似之处。由于在校级建立了学生处，在较大的系级建立了学生办公室，所以高校中出现了学生行政管理体系，同时，也明显地反映出以下几个特点：

①学生工作统筹安排，全面协调能力增强

专管学生工作的主干处——学生处对学生行政管理工作及有关学生工作情况负有全面关心、通盘考虑、及时汇总、向上报告及建议的责任，并能在校长领导下，对各行政部门工作中出现的矛盾、问题及时参与协调。

②有利于队伍素质提高，稳定性增强

由于专管学生行政管理工作体系的出现，使学生行政管理工作机构、人员稳定性增强，方针、政策、规定的连续性加强，工作方法的创新、理论研究的开展、工作经验的积累、管理人员的业务素质趋于上升势态。

③学生行政管理工作的应变能力增强

在新的形势下，学生行政管理工作不仅要有正确性、规范性，还应讲究时效性。建立了专司学生行政管理的工作体系，就能有一批长期专门从事学生管理的工作人员，能较正确地掌握党的方针政策，全面了解学生情况，遇事能及时向领导提供各种情况和选择方案，以便于领导准确决断。

（3）学生行政体制管理的复合模式

它由专兼模式进一步发展而来。由于学生处和学生工作部门实现了两块牌子一套班子，因而它有一个明显的特点，即在组织机构上实现了学生思想教育和学生行政管理的结合，改变了长期以来行政管理和思想教育相分离的状况，使对学生的言和行、想与做的教育统一在一个部门，使学生的学籍管理、课外活动、校园秩序、奖励和处分等学生管理主要内容的执行，基本上是由学生处与学生工作部门作为一个职能部门来承担。

（4）学生行政体制管理的各部、处模式

它既同散在模式相似，又同复合模式相近，它唯一的特点是兼指挥和执行于一身。由于它有居于部、处之上的职能部门——学生办公室，所以既可以指挥行政部、处，又能协调各种关系与矛盾；既能够抓行政管理工作，又能抓思想教育工作。

2. 行政体制管理的成效

学生行政管理工作的成效，取决于两点：一是领导和干部队伍，二是管理体制。当前有一批较长时间从事学生工作的同志，他们有能力、有水平、有积极性与创造性，虽然管理体制不够完善，但凭借这批骨干的创造性和努力，高校的学生管理工作是有很大成绩的。随着社会的发展和新形势下对高校学生管理工作的要求，还需要改进工作、完善政策、健全体制。

行政体制管理成效是由这个高校的历史与现状、领导与干部队伍的素质和结构、教师与职工的思想水平与觉悟、高校的任务和条件等形成的综合因素决定的。只有当一个具体模式适合这个高校的情况，并能创造出最优成绩时，才是最佳的选择。

从高校学生管理体制发展的趋势来分析，选择具体模式应考虑两个问题：一是是否需要建立专门的学生行政管理体制；二是是否需要实行学生行政管理工作与学生思想工作相结合的管理体制。对这两个原则问题的回答是肯定的，这也是今后加强学生行政管理体制的原则问题：

第一，人的思想和行动是不能割裂的，人的行动受思想的支配，而思想又需要实践的检验。要规范人的言行，首先要抓思想教育，要了解一个人的思想，必须先了解他的行动。所以，对学生的思想、言论和行动的教育、管理，只有真正地从组织上、思想上结合起来开展工作，才能改变相割裂的现象，才能取得工作的最佳效果。

第二，学生行政管理工作是培养学生成为德、智、体、美、劳全面发展的社会主义建设者和接班人的一项重要工作。它对在校学生的学习、生活、行为起着正确的规范作用。它不仅需要一支具有一定理论水平和一定实践经验的稳定的干部队伍，还必须逐步建立一套专门的行政管理体制，否则难以适应当前形势下学生管理工作的要求。

第三，高校担负着培养青年学生的重任，只有将学生行政管理工作和学生思想工作相结合，只有建立一支专门的学生管理工作队伍和建立一套专门的学生行政管理工作体制，才能培养出理想信念坚定的合格人才。

（二）高校学生教育的综合管理体制

各高校具体情况、人员素质、传统风格、办学特点不相同，但总的来说，我国高校学生教育的综合管理体制，主要由几种制度构成：

1. 专职干部责任制

高校专职党团干部是党的教育方针与政策在各单位的综合贯彻执行者，是对学生进行各种教育管理的设计者，是发动全体教师教书育人的组织者。因此，专职干部在学生教育管理中发挥着不可替代的作用。学生专职干部主要指担任党团职务，专门从事学生教育管理的干部，包括学生工作部（处）或宣传部、校团委的干部，各系主管学生工作的党总支（分党委）副书记、团总支（分团委）干部等。专职干部一般按学生人数的1∶150配备，不足150名学生的单位可根据实际工作情况考虑。专职干部在高校党委的领导下，具体由高校主管部门和各系党总支共同管理。他们除根据实际表现和工作需要晋升职务外，还在晋升专业职务方面享受与其他业务教师同等待遇。

（1）专职干部的职责

①开展学生工作的调查研究，根据全局形势，结合高校的实际，进行正确决策，统一制订本系统学生教育、管理工作计划，保证学生教育管理工作的整体性与系统性。

②负责安排、协调、组织开展党团教育和日常教育管理各项活动。按照教育部的要求，专职干部要讲授或辅导教育管理课程，并负责组织大学生理论修养、人生观教育、法制教育、职业道德教育、毕业教育与就业教育等课程的教学工作；负责指导年级主任、兼职辅导员（或班主任）、研究生政治导师的工作，包括制订工作计划，提供有关信息和教育材料，检查总结工作以及负责评比优秀教育工作者等工作；负责指导学生干部的工作，关心学生干部的培养教育，具体指导团组织、学生会开展各项教育管理活动。

③依靠年级主任、辅导员（或班主任）、研究生政治导师和学生干部，正确执行有关学生的各项政策，指导并做好学生的各项考核，毕业鉴定，评定三好学生、奖学金、优秀学生干部、优秀团员、先进班集体以及评定贷学金等工作，负责做好学生的就业及派遣工作。

（2）担任专职干部应具备的条件

专职干部主要从毕业生或青年教师中挑选。从事学生教育管理的干部必须具备以下几个条件：

①坚持四项基本原则，积极拥护、努力贯彻党的路线、方针、政策，一般要求是党员。

②热心思想工作，热爱、理解、熟悉青年学生，联系群众，作风正派，坚持原则，办事公正，严于律己，为人师表。

③具有一定的社会工作经历和组织管理能力、表达能力和调查研究能力，能独立开展工作。

④具有大学本科以上文化水平，业务成绩优良。

2. 教师指导学生责任制

教师在教育学生的过程中起着主导作用。调动教师教书育人的积极性是抓好学生教育管理工作的关键。除了要求所有教师在教学过程中为人师表、严格要求、注重学生思想品德教育之外，这里说的教师指导学生责任制，是要求一部分教师在完成自己教学、科研工作的同时，兼做一个年级或一个班的学生教育管理工作。指导教师包括年级主任、辅导员或班主任、研究生政治导师（以下统称指导教师）。

指导教师中的兼职辅导员或班主任可以采用分段制（即一二年级为一段，三四年级为一段），也可以实行四年一贯制。人数在120人或120人以上的年级应配备年级主任，负责组织、协调本年级的工作，不满120人的年级可根据情况按专业或系配备年级主任，年级主任在任职期间以学生教育管理工作为主，也可适当担任少量的教学、科研工作。研究生政治导师以研究生人数1∶40配备，其待遇与业务导师相同。

指导教师由高校人事处、宣传部、教师工作部门、学生工作部门和所在院系党总支组成领导小组共同管理。人事处负责把指导教师的工作表现与教师出国、进修、晋升专业职务等政策挂钩；宣传部负责指导教师的自身提高、评比先进、总结交流工作经验等工作；教师工作部门负责把指导教师的工作表现与教师教学工作量、课时酬金的发放挂钩；学生工作部门与系党总支负责对指导教师的工作指导与考核。

指导教师由教研室负责考察挑选，由系党总支、行政审核，报高校批准并颁发聘书。聘期一般为两年一期，可以连聘连任，无特殊情况未经批准不得随意更换，以保证工作的连续性。

（1）指导教师的职责

①努力贯彻党的教育方针，对加强学生思想品德教育管理的目的、意义认识正确，严于律己，言传身教，引导学生德、智、体、美、劳全面发展。

②负责指导学生团支部、班委会开展各项有益的活动，负责组织本年级（或班）的政治学习、组织生活、班务会议，做好日常的思想教育管理工作，保证高校各项教育管理计划、措施、制度在基层的贯彻落实。

③负责执行本年级(或班)学生的思想品德考核，评比三好学生、奖学金、优秀学生干部，推荐免试研究生以及毕业生就业等有关政策，对发展学生党员提出建议和意见。

④指导学生开展有关业务学习、课外科研、学术交流等活动。

(2)担任指导教师应具备的条件

①坚持四项基本原则，忠诚党的教育事业，品德高尚，作风正派，能做好学生表率。

②有一定的社会工作能力和从事思想教育管理工作的经验，工作责任心强。

③有一定的学术水平，教学效果好，在担任指导教师期间，担任本年级(或班)一门业务课的教学工作。

建立指导教师责任制是发动教师做学生思想教育管理工作的重要措施。由于大多数教师都有自己的教学科研任务，并且面临业务水平的提高与专业职务的晋升，加上学生工作投入大，收效慢，工作难度大，耗费时间多，使得大学里许多教师不愿意担任指导教师的工作。造成这种状况的原因是多方面的，应端正办学方向，提高全体教师对加强德育教育的认识，同时，要制订具体的措施，在政策上解除教师的后顾之忧。只有把教师的积极性充分发挥出来，把培养学生良好的思想品德作为全体教师自觉的行动，高校学生工作才能创造崭新的局面。

3. 学生自我教育与管理制

学生自我教育与管理制就是在高校党委的领导下，充分考虑到大学生的特点和未来社会对人才的要求，在高校专职干部、教师的指导下，通过学生干部，在学生中建立各项教育管理活动的制度。

学生自我教育与管理制包括学生党团组织制度，学生会组织管理制度，学生社团及刊物管理制度，学生勤工俭学、社会实践管理制度，学生业余文化、体育活动管理制度，学生寝室管理制度等。学生自我教育与管理制度由学生团组织、学生会在专职干部的指导下制订，按照团组织、学生会的系统下达执行，并负责检查、总结、修改、完善。各系团总支(或分团委)、学生会在执行制度过程中根据本单位的实际，在不违背高校团组织、学生会制度原则的情况下，可以进行适当的调整，作为高校制度的完善与补充。

(1)学生干部的职责

①学生干部所担任的各项社会工作，既是服务工作，也是高校不可缺少的教育管理工作，他们都应在自己分工的工作中认真贯彻党的路线、方针、政策。

②学生干部在自己所管辖的范围内，应大胆行使职权，弘扬正气，批评不良行为。

③对学生思想品德考核、鉴定、评比三好学生、评奖学金、入党、入团、毕业就业等，向专职干部、指导教师提出建议和意见(专职干部、指导教师及高校有关部门应尊重学生干部的意见，在加强指导的同时，放手大胆地使用学生干部，充分发挥学生干部在教育管理中的主人翁作用)。

为了让更多的学生更好地做社会工作，发挥学生的积极性，学生干部一般不兼职，有条件的班级、系可实行干部轮换制，以便使更多的学生得到锻炼。

　　（2）学生干部的具体条件

　　①拥护党的路线、方针、政策，积极要求进步，坚持德、智、体、美、劳全面发展。

　　②热心为学生服务，积极肯干，作风正派，在学生中有较高威信。

　　③学习勤奋刻苦，学习态度端正，学习成绩优良。

　　④校、（院）系的主要学生干部，必须是所在班的优秀学生。

　　⑤负责的某一方面工作尽量考虑到学生自身的爱好与特长。凡是受到高校通报批评以上处分的学生，凡是学习成绩较差或有不及格功课的学生不宜担任学生干部。

　　（3）学生干部的产生与调整

　　①所有团支部、班委会以上的学生干部，都必须经过全体会议或代表会议民主选举产生。新生进校第一学期，成立临时团支部和班委会。考虑到新生之间相互不熟悉，学生干部由专职干部根据招生或档案的记载与指导教师商量指定，第一学期结束时，再进行民主选举。以后根据情况每学年改选一次，学生干部可以连选连任。

　　②参加高校、系有关单位和部门工作的各类学生工作人员（如校刊、广播台、学生会各部工作人员）可采取选聘的办法挑选，经学生所在系的专职干部和指导教师同意后即可担任一定的社会工作。

　　③学生社团组织和社会实践、勤工俭学活动的负责人，由学生民主选举，分别报高校或系团组织批准，特殊情况也可由校、系团组织、学生会指定。

　　④学生干部的选举、增补、免职、调整必须经过同级党组织同意，并按管理范围向上级组织报告，按照正常的民主程序进行，不得擅自改选或任免干部。

　　（4）学生干部的培养与教育

　　①高校有关部门、校团委应利用业余时间有计划地对学生干部进行培训。培训包括理论学习、工作指导、经验交流、形势分析等。有目的地提高学生干部的思想觉悟与工作水平，增强他们的自我教育与管理能力。

　　②在寒暑假期间，高校应组织学生干部到边远地区、工厂、农村进行考察参观，了解社会实际，增强社会责任感和社会阅历。专职干部与指导教师在工作中要对学生干部严格要求，认真培养，既精心指导，又大胆放手，克服一切由学生干部自己干和包办代替的倾向，使学生干部在实践中不断成熟、进步。

　　（5）学生干部的考核与奖惩

　　①学生担任的社会工作，应在学生考核、鉴定中予以记载，对于工作中的成绩与实际水平也应如实反映，以便毕业就业时用人单位考察。凡是学生选举出的干部，都应在评三好学生、奖学金等政策中进行恰当的肯定，在学生入党、入团、毕业就业时应作为全面衡

量学生的依据之一。

②高校除评比三好学生以外，每年还应评选一次优秀学生干部，优秀学生干部可以同时评为三好学生，以鼓励学生干部的积极性。

③对学生干部工作的考核主要由上级学生组织、学生专职干部和指导教师共同考察与评定。

④对有错误或因工作不负责造成损失的学生干部，按高校有关规定，不宜继续工作的，应按程序予以免职或除名。

第三节　高校学生自我管理与民主管理

高校学生的自我管理和民主管理，是高校学生管理工作中的一个重要组成部分。它侧重于调动学生的主体意识，在整个学生管理工作中，起着补充和完善的作用，由于其独到的优越性而受到越来越多高校管理工作者的重视。

一、高校学生自我管理

高校学生的自我管理，简而言之，就是学生自己管理自己，其目的在于激发学生在管理中的主人翁精神。它是学生根据教育目的和培养目标的要求，运用现代科学管理方法，为实现个人管理有效地调动自身的能动性，训练和发展自己的思维，规范和控制自己的言行，完善和调节自己心理活动的过程。学生自我管理就其方法来说，可分为学生个体自我管理、集体自我管理和参与性自我管理。

(一)学生自我管理的特征

第一，对象特征，即管理与被管理两者的统一。学生自我管理同其他管理活动的根本区别在于，其他管理活动强调对他人或他物的管理，而学生自我管理则是行为发出者作用于自身的活动过程。自己既是管理者又是管理对象，这是自我管理最基本的特征。进行自我调节和控制，是学生自我管理的实质所在。

第二，过程特征，即自我认识、自我评价、自我控制、自我完善四位一体。在学生自我管理中，从目标的建立到组织实施，再到调节控制，以及不断完善，融学生于一体。学生在认识社会、他人和自己的基础上设计自己，在管理过程中评价、控制自己，最后达到目标的实现，到此也就完成了学生自我管理的一个循环——不是简单重复，而是在社会、个人的动态环境中螺旋式的循环。

第三，内容特征，即不同的时代具有不同的内容。此特征有以下两个方面的含义：一是生活在一定社会条件下的人，其思想水平、知识水平和心理素质就被打上时代的烙印，学生也是如此；二是学生自我管理的目标及其社会意义具有鲜明的社会、政治、经济和文化特征。今天，社会为自我管理提供了汲取营养的现实土壤，而作为新时代的高校大学生，就应该热爱祖国，热爱人民，追求真理，锐意进取，艰苦奋斗，乐于贡献。

（二）学生自我管理的原则

从整体上说，学生自我管理不完全取决于个人愿望和努力，它必须反映社会和高校的需要，必须受到社会条件和学生管理制度的制约，符合社会道德规范，同高校培养目标一致，并置身于社会管理和高校管理之中。学生自我管理集主客体于一身，具有它的特殊性。所以，它除了遵循管理一般原则之外，还应遵循以下几个原则：

1. 自觉自愿原则

学生自我管理是学生自己管理自己的一种管理方式，从管理内容的制订、目标的确定和实施到信息反馈、总结纠正等，都应由学生自己编排，要自觉自愿。当然，自觉自愿也不是放任自流，为了保证自我管理的正确方向，学生在自我管理时，必须接受学生管理部门的指导和必要的约束。对集体自我管理来说，必须注意吸收全体学生参与管理工作，充分调动和发挥每个人的聪明才智。

2. 认识评价原则

学生实行有效的自我管理之前，必须全面认识自己及其所在班组、高校乃至整个社会的现状。要参与就必须认识，同时，只有参与，才能认识更全面。学生自身的政治素质、文化素质、心理素质、身体素质和社会阅历是自我管理的内在条件，而班级、高校的状况、目标、任务、结构和功能，国家政策，经济文化背景和社会规范等是自我管理的外在条件，只有正确认识社会，客观评价自己，才能使自我管理切合实际。

3. 严密性与松散性相结合的原则

所谓严密性，对集体自我管理是指应当有相对稳定的组织、明确的宗旨、科学可行的计划和管理制度，有相对稳定、水平较高的骨干力量；对个体自我管理则是指目的明确、计划周密、心理状态良好。所谓松散性，是指在严密性的前提下，对学生自我管理的时间、地点、参加人员、活动内容及形式可做一些选择。这里的"严"与"松"是辩证统一的，如果没有明确的目的、严密的组织、严格的制度和较好的管理者，集体的共同利益就难以维护，教育目的也难以实现。因此，学生在自我管理中要强化集体意识，自觉服从、维护集体决议，模范地做好集体工作，只有这样，才能保证学生自我管理沿着正确的方向而不失控。同时，由于高校学生群体内部结构层次的复杂性，在保证集体利益和共同要求的前提下，要尊重学生的个性，促进学生个性发展。同学之间提倡互相尊重，互相学习，在相互帮助中共同进步。

（三）学生自我管理的作用

学生自我管理有以下两个作用：

第一，加强学生自我管理有利于学生健康成长。青年学生正处在心理的转折期、自我发现期，他们强烈希望自己的意志和人格受到外界的尊重，具有强烈的参与意识，而学生自我管理则恰恰满足了他们的这种心理愿望，从而促进其心理的健康发展。他们心理的健康，有利于高校的稳定。但是，由于学生世界观、人生观尚在形成过程中，除了高校、社会和家庭的教育、指导外，作为学生自己也要加强理论思想修养，在自我管理的实践中，提高辨别各种思想的能力，使自己健康成长。

第二，加强学生自我管理有利于增强学生适应社会的能力。一方面，由于目前许多学生动手能力和创造精神不够；另一方面，学生最终都将走向社会，接受社会检验，随着人才市场需求关系的变化，社会对学生的知识水平、知识结构、专业技能以及走上社会的适应能力提出了更高的要求。因此，学生要在复杂的社会环境中既能适应社会的要求，又能有所作为，必须在学生期间利用一切可以利用的机会，有针对性地实施自我管理，逐步缩小所学知识与社会需要的差距，不断增强自我认识、自我评价、自我控制能力，实现自我完善，为将来走出校门后尽快地适应社会奠定坚实的基础。

（四）学生自我管理的内容

学生自我管理的内容是由时代对高校学生的要求和历史赋予他们的使命决定的，概括起来主要有思想素质、业务素质和身心素质三个方面的自我管理。它们之间是相互作用、相互渗透的辩证统一体。下面仅就业务素质的自我管理做简单的阐述，具体如下：

所谓业务素质的自我管理是指学生在老师的指导下，通过积累知识、发展智力和锻炼能力而进行的管理。

1. 要树立正确的成才观

学生的成才，不仅是由他的知识、智能决定的，更主要的是由其正确的学习目的和勤于奋斗的精神所决定的。那些极端利己、自私的人，那些从自我出发，把个人利益置于集体、国家利益之上的人，不但不能成才，还可能会成为社会发展的阻碍。只有那些具有远大理想和抱负的人，才会使知识、智能、素质、觉悟在自身中得到统一。只有那些把自己的前途和国家命运、民族未来紧密联系起来的人，才会在事业中有所成就。

2. 要掌握学习规律，完善知识结构

学生的主要任务就是通过艰苦而复杂的脑力劳动，不断增长知识，提高能力，掌握学

习规律，完善知识结构。课堂学习是学生接受知识和教育的主要途径。预习、听课、复习等是学生课堂学习的主要环节，也是学生加强自我管理的重要方面。学习还要学会自学。一个人要获得完全的知识，必须具备两个条件，即书本知识和实践知识。学习实践知识，就要深入下去，投身于实践，向社会学习，在实践中积累和完善自己的知识。同时，还要完善和优化智能结构。智能是智力和能力的总称，是指一个人观察问题、分析问题和解决问题的能力。观察力、记忆力、思维力、想象力和操作能力是智力结构的五个要素。

（五）学生自我管理的途径

学生自我管理是在家庭、社会和高校管理教育的灌输、诱导、组织、指导下，进行自我规划、自我调节、自我教育和自我完善的。由于人和社会环境的复杂性，学生实现自我管理的途径、方法，也是多种多样、纵横交织和不断发展变化的。

1. 加强高校民主建设，促进学生的自我管理

高校民主建设的本质是把广大教师、学生真正看作是高校的主人和学习的主体。在高校提倡科学，崇尚民主，为师生创造民主参与管理的机会，让他们在工作和学习中感到自己是社会的主人，是高校的主人，激发起稳定的、持久的自觉性和主动性，这样，高校才能有凝聚力，才能树立良好的学风、校风。如果高校不能顺应和满足他们的心理要求，仍然把他们作为纯粹的管理对象，采取命令式管理，那么只能限制学生的能动性，伤害学生的自尊心，达不到预期的管理效果。事实证明，良好的学风、校风的形成，主要不是靠行政管理的强制力量，而是靠群体的力量，靠群体规范和舆论这样一种无形的力量。因此，民主建设是高校培养人才的前提和保证，制度管理是加强高校民主建设、创造良好校园环境的保障。

我国高校的管理制度近年来逐步完善。这些制度明确了学生的道德和行为准则，为高校的日常教育、管理工作提出了一套章法。广大学生在思想教育和制度的约束中，不断调节自己的思想、行为，逐步把外压力变成内驱力，自觉遵守，自觉维护，才能取得显著效果。民主管理要公开、平等。学生主体意识、平等意识的增强，就要求高校的管理工作要公开、平等，以取得相互理解、尊重和信任。公开即是提高管理工作的透明度，平等即是管理者和师生平等对待，真诚合作。

在管理中，高校要尽量为学生创造参与管理的场所和条件，扩大和完善学生参与管理的渠道，发挥他们在管理中的作用。学生参与高校管理，有归属感和主人翁感，就能发挥集体的智慧，使决策更正确。同时参与管理也是调动学生积极性，培养学生能力，扩大学生与管理部门联系的好办法，可以提高人的素质，实现民主管理。人是管理的核心，提高人的思想、道德、知识素质，是完善高校民主管理的首要条件。高校要加强思想政治教育课的教学，充分发挥党团组织的作用，发挥管理者、教师的作用，要鼓励学生参加教育改

革，激励学生自爱、自强，采取各种形式帮助学生明确民主与集中、自由与纪律的关系，增强民主意识，树立正确的世界观和人生观。学生有了"精神能源"，高校民主管理才会有坚实的基础。

2. 搞好学生组织的建设

学生组织主要是指校、系、班级的学生会或班委会、团组织和其他社团组织。这些组织是学生自我教育、自我服务、自我管理的主要形式，也是高校做好学生管理工作的保证。

加强学生组织建设，要选好、用好学生干部。学生干部来自学生，他们既是受教育者和被管理者，也是高校管理干部的助手，还是学生活动的直接组织者和学生基层组织的管理者。要建设一个良好的集体，必须有一批优秀的学生干部，选好、用好学生干部对于学生管理工作至关重要。

加强学生组织建设，要发挥学生组织的教育、管理功能。学生组织是高校系统中的一个子系统，加强组织建设，目的就是要发挥其作用。在教育方面，学生组织可以通过组织学生学习理论知识、业务知识，通过举办演讲会、座谈会、报告会，组织学生参观、访问、调查和参加劳动等活动，帮助学生共同探讨理想与现实、自由与纪律、民主与集中、权利与义务、学习与工作、个人与集体等方面的关系。依靠正确的导向，可以在学生中形成追求进步、关心集体的舆论，形成刻苦学习、勇于进取的良好的学风，形成遵守法律、讲究道德的文明环境。在管理方面，学生组织要依靠管理制度，配合教师和高校的管理干部，做好组织协调工作，提高管理效能。在服务方面，学生组织既要为学生服务，也要为高校服务。

加强学生组织建设，就要改进管理方法。方法是完成任务、实现目标所必不可少的手段，任何组织要实现管理目标，没有良好的方法，必然事倍功半。反之，管理方法得当，就会事半功倍。可见，采取好的管理方法，是提高效率的有效途径。学生组织的自我管理也不例外，一般来说，在学生组织自我管理中，制度管理法、榜样示范法、正面激励法、民主管理法等都是不可缺少的部分。

3. 加强社会实践活动，完善学生的自我管理

加强社会实践活动，要做好教学过程中实践环节的自我管理。高校学生的根本任务是学习并通过学习提高自己的智力和能力，而教学过程中的实践活动正是高校为了使学生把所学到的知识运用于实践所安排的。作为学生，只有较扎实地掌握本专业的基础知识、基本理论和基本技能，才能称为合格的学生。所以，做好教学过程中的实践环节是学生自我管理的首要问题，每个学生都是根据自己专业的特点和实践的要求，自觉地参加实验、实习、考察和劳动等实践环节，并做到勤学习、勤动手、勤思考、勤总结，努力提高自己掌握和运用知识的能力。

加强社会实践活动，还要做好校内外的实践活动的自我管理。校内外实践活动是教学

环节的开拓和延伸，也是充分发展学生自己爱好、特点和长处的好途径。搞好校内外实践活动的自我管理有四点：一是根据自己的爱好和特长，组织或参加高校的社团活动，培养自己自主、自强的责任感，培养自己适应社会发展所需要的素质。二是积极组织并参加高校开展的各种竞赛活动，在活动中培养自己的参与意识、竞争意识和集体意识，锻炼自己的组织能力和社交能力。三是充分利用假期，开展社会调查和各种形式的社会服务，在参与中了解社会，坚定信念，促进自己的全面发展。四是完善管理制度和管理措施，克服松散管理和多重管理现象。

学生自我管理的途径和实现自我管理的方法很多，不论采取哪种途径和方法，管理效果都取决于社会、高校的关怀和支持，同时也取决于学生自身的努力和修养。高校学生只有在高校、家庭、社会的教育、管理指导下，树立崇高理想，加强道德修养，善于学习，勇于实践，坚持把个人理想同社会需要、把个人命运同祖国前途结合起来，自我管理才能卓有成效。

二、高校学生民主管理

大学生既是建立良好校园秩序的主体，也是建立良好校园秩序、达到培养人的目的的客体。建立良好的校园秩序目的是培养人，必须通过大学生内心的响应，通过自身的积极性和主动要求才有可能实现这一目的。

在社会主义国家，公民不仅是社会管理的对象，同时又是社会管理的主人。因此，我国的大学生在高校里，参与民主管理既是主体与客体统一的体现，又是我国大学的社会主义性质的体现。

（一）民主管理的概述

1. 大学生民主管理

大学生民主管理是指根据社会主义民主的本质，运用社会主义民主的形式，充分调动并发挥大学生内在的积极因素和自主精神，在高校行政管理人员的领导下，组织大学生参与管理，达到培养德、智、体、美、劳全面发展的"四有"人才的目的。大学生参与民主管理具有社会主义的方向性，离开了社会主义的方向，管理就失去了目标，也失去了意义。大学生民主管理采用社会主义民主的形式，是民主集中制的民主，而不是无政府主义和极端民主化的民主。

大学生民主管理是高校大学生管理系统中的子系统，是大学生管理的一种形式，它的基本作用和形式是参与和监督。它在高校领导和老师的指导下，既可参与行政管理部门的管理，又可管理学生自己的事务。

2. 大学生民主管理的必要性和可能性

校园秩序的一个重要的方面是大学生的学习和生活秩序，建立良好的校园秩序要靠高校的科学管理，但如果没有大学生的参与和管理，把建立良好的校园秩序只作为高校的事情，那么，良好的校园秩序就难以建立，所以调动大学生参与民主管理的积极性，是建立良好的校园秩序的需要。发动大学生参与民主管理不仅可以提高管理效能，而且可以在管理实践中提高他们的才干，这正符合培养目标自身的需要。

当代大学生自主意识较强，对被人管理往往有逆反心理。但是实践证明，他们的"自主"往往带有很大的随意性，没有高校的严格管理和引导不利于他们的健康成长。当代大学生的参与感很强，愿意通过参与管理提高自己的才干和能力。因此，调动大学生参与民主管理的积极性，既是可能的，也是必要的。

3. 大学生参与民主管理的意义

通过大学生参与民主管理，使大学生在实践中接受社会主义民主教育，培养大学生正确的政治观点、正确的社会主义民主意识和民主精神，对于培养社会主义一代新人都具有十分重要的意义。大学生参与民主管理，可以构建高校领导和学生之间的信息渠道，密切高校领导和广大学生的联系，有利于建立良好的师生关系；有利于高校领导及时了解学生的情况，改进工作作风；有利于培养一批有领导才干、有管理能力、有献身精神的积极分子，这对于党的建设和社会主义事业都有着重要的意义。

（二）民主管理的组织形式

1. 学生民主管理的组织

大学生的组织包括共青团组织和学生会组织，就学生参与民主管理的目标和方法来说，二者都可以看成学生民主管理的组织形式。共青团是党的助手，是先进青年的群众性组织，学生会是大学生的群众组织，他们各自的目标和任务虽不尽相同，但就建立良好的校园秩序、培养社会主义建设人才的总目标来说，又是完全一致的。共青团组织和学生会组织都要在高校党组织和行政管理系统的领导下开展活动。无论哪一个组织都不是完全独立于高校党政领导之外的，所以都不能称为自我管理组织。班级组织和团支部组织是高校实行民主管理的最重要的基本组织，调动这些组织中的大学生民主管理的积极性，完善民主管理制度，对于建设良好的校园秩序，具有特别重要的意义。

2. 学生介入高校管理系统参与学生管理的形式

这是通过学生代表参加有关学生管理会议，反映学生的意见、要求等形式来实现的。如有的高校聘请学生代表出任行政领导干部的助理等，就属于这一种形式。

3. 专业性的学生民主管理组织

比如有的高校建立学生宿舍管理委员会、伙食管理委员会、卫生管理委员会、治安保卫管理委员会、纪律管理委员会等，通过学生自己处理或协助高校处理问题，维持校园秩序。这些组织在行政管理部门的领导、协助和支持下组织起来并进行工作，但不能自行制订和高校的规章制度相抵触的管理制度。

（三）民主管理的原则

大学生参与民主管理必须遵循以下几项原则：

1. 导向的原则

民主管理的导向就是，坚持遵守法律、法规以及高校的纪律、条例，坚持党的教育方针，坚持正确的道德取向等。导向正确，不仅使民主管理不迷失方向，而且能培养学生守法、守纪的意识和习惯。

2. 自主和尊重的原则

民主管理要调动学生的积极性，就要充分发挥学生的自主精神，减少依赖性。要充分相信并支持他们自己作出的符合原则的决定，有了错误，也要尽可能启发学生自己去纠正，要避免伤害他们的自尊心。管理者的责任是加强领导并及时给予指导，尽量不要代替学生作出决定，要尽可能让学生站在管理的前台。

3. 启发的原则

有些在管理者看来是简单的事，大学生可能会争论不休，这是由于学生缺乏实践经验造成的。管理人员只能给予适当的启发，尽可能由学生自己去下结论，不要轻易代替学生作出选择或简单地下结论。

4. 充分讨论的原则

民主管理相比于指令性管理要复杂得多，反反复复地讨论，要花去很多时间，但只要是认真讨论，时间就不会白费。

5. 民主程序的原则

实行民主管理一定要遵循民主管理的程序，只有严格遵守民主程序才能在实践中提高学生民主管理的积极性、民主精神及守法意识。

（四）民主管理的教育和引导

调动大学生民主管理的积极性，必须加强对大学生的教育和引导。具体有如下四点：

第一，要加强大学生参与民主管理的积极性，特别是当代大学生自主意识较强，要使他们充分融入民主生活中，注重理论联系实际的民主管理的教育与引导。

第二，要加强民主管理中的责任意识教育。参与高校民主管理不仅仅是尽义务，而且也是大学生的权利。无论是履行自己的义务还是行使自己的权利，都离不开正确的责任意识，尽义务是一种责任，行使权利也有责任，而这种责任的目标取向就是高校对学生的培养目标。责任意识的强弱和民主管理的效能形成正比。

第三，在管理实践中帮助学生干部树立良好的作风。要培养学生干部密切联系群众的民主作风，批评与自我批评的作风，谦虚谨慎、戒骄戒躁的作风以及勤俭节约、艰苦奋斗的作风。管理干部自身的良好作风也将对学生产生潜移默化的教育作用。

第四，支持和帮助学生参与民主管理工作。对参与民主管理的学生，在强调为人民服务的前提下，要根据其不同的职责，给予不同的物质和精神支持。必须重视对他们的个别教育帮助，既要以诚恳、热情、耐心的态度帮助他们解决生活、学习、工作中的具体问题，帮助他们总结工作中的经验教训，也要帮助他们解决工作中遇到的实际困难。要和他们建立良好的友谊、密切的关系和深厚的感情，要把培养爱护学生干部和培养党的积极分子统一起来。

（五）民主管理的应有作用

第一，培养学生的责任意识、纪律意识和法律意识。很多高校用发动全校学生民主讨论的方法来修订管理制度，并将讨论修订的条文提交全校学生或学生代表大会投票表决，然后由校长批准施行。讨论的过程就是一个学习和教育的过程，凡是讨论认真的，也往往是准备认真执行的，因此，也就培养了责任意识、纪律意识和法制意识。

第二，培养学生的自律精神。把学生的积极主动精神调动起来，在日常的生活和学习中参与管理，不仅可以加强和改善管理，而且可以培养学生的自律精神。

第三，培养学生公平诚实的精神。一个学习阶段完成，有大量的工作要做，比如评定奖学金、评选优秀学生和学生干部、进行毕业鉴定等。这些都可以发动学生民主讨论，培养学生的公平诚实精神。

第四，培养学生社会主义民主意识和民主精神。在强调坚持四项基本原则的前提下，对学生组织的活动应尽量放手，让学生自己去组织活动，严格按民主程序去处理日常工作。

三、高校学生社团活动的管理

学生社团是经过高校批准，由本校学生在自愿的基础上组织的群众性团体。近年来，社团组织发展迅速，社团活动已经成为学生课外活动的重要形式之一。

加强社团活动的管理，是学生自我管理和民主管理的一项重要任务。

（一）学生社团的发展和作用

1. 学生社团的发展

学生社团的发展，在我国具有久远的历史。近年来，学生社团组织的发展如雨后春笋，无论是就其数量，还是就其活动范围和参加人数而言，都远远超过以往任何历史时期。今天，社团活动已经成为大学生课外活动的重要组成部分。

综观目前高校学生社团组织，按其活动性质可以划分为兴趣型社团（根据兴趣爱好自愿结成的团体，如桥牌协会、文学社、书法社等）、学术型社团（以专业学习、研究和交流为目的组成的团体，如经济管理协会、科学技术协会等）、服务型社团（以科技、文化服务和劳务服务为主要内容的团体，如各种科技、文化中心）三大类。此外，还有在高校组织或直接指导下开展活动的文化型社团（如文艺社团、乐团等）和新闻型社团（如学生通讯社、记者站等）。

2. 学生社团的作用

学生社团组织是学生自我管理、自我教育的重要形式之一。因此，不论哪种类型的社团组织，都可以在学生自我管理和自我教育中发挥重要作用。社团组织通过开展活动，可以把具有共同兴趣爱好的学生组织起来，丰富课余生活，开阔知识视野，增进同学间的友谊，增强集体观念和协作精神，提高实际工作能力。不同的社团组织可以吸引不同兴趣的学生，调动各个层次学生的学习积极性，有助于他们在各自的起跑线上前进和发展。

此外，不同类型的社团组织，还有特殊的作用。例如，学术型社团组织对于培养学习积极性、主动性和钻研精神具有重要促进作用；兴趣型社团活动可以丰富学生课余文化生活，陶冶情操，提高文明修养水平；服务型社团活动有助于学生树立劳动观点和群众观点，加深对国情民情的了解，增加社会责任感和历史使命感；文化型社团和新闻型社团，由于其专业性强，所以能在对学生进行有关专业训练方面发挥重要作用。当然，必须正视学生社团活动中可能出现的问题。如果管理不好，有的学生社团就可能被某些不良组织利用，对学生的健康成长起相反的作用。这也告诉管理者，对学生社团活动加强引导和管理，是非常必要的。

（二）学生社团的申请、成立和解散

1. 学生社团申请的基本条件

学生社团不是社会团体。学生社团是本校学生自愿组织的群众性团体。兴趣、爱好相近的学生，在自愿的基础上，可以向高校申请成立社团，但在申请成立社团时，须具备以下几个基本条件：

第一，有社团章程。社团章程必须明确规定本社团的宗旨和活动目的。任何学生社团，不得从事有碍学生身心健康的活动。社团章程必须经过本社团成员讨论通过。

第二，明确社团活动的内容、开展活动的方式和时间，以及接纳社团成员的办法等。社团活动的内容应与社团宗旨和活动目的相符合，应以丰富和补充课堂知识、活跃课外生活为主。社团开展活动一般应在课余时间进行，以不影响社团成员的正常学习为基本原则。接收和调整社团成员应有规定和程序，禁止个人独断。

第三，有相应的组织领导机构，明确社团筹备负责人。学生社团的组织机构、领导机构，一般应以便于组织和开展活动为设置的原则，不宜设置烦琐和庞大的机构，要实行民主集中制的组织原则。社团筹备过程中，必须指定临时负责人，一经批准成立，应民主选举或协商产生正式负责人。社团负责人，必须具备以下基本条件：积极进取，努力学习，熟悉本社团业务，热心社会工作，有一定的组织领导能力。专业性较强的学习社团，还应聘请指导教师进行政治和业务指导。

第四，活动经费有可靠来源和相应的管理办法。学生社团可以在社团成员同意和可能承担的前提下，规定社团成员一次或定期缴纳少量会费，也可以采取正当方式筹集部分经费。但无论以何种方式取得的经费，必须有专门办法、专门机构或专人进行管理，并定期在社团内部公布收支情况。

2. 学生社团的成立

第一，申请成立学生社团的程序。学生社团筹建过程中，如果同时具备上述四个基本条件，则可以正式申请成立。但要求必须有正式书面申请。

正式书面申请应包括以下内容：申请成立社团的原因和理由；拟成立社团的名称；社团的章程和宗旨；社团规模和现有成员数，活动内容及活动方式；社团筹备负责人基本情况；社团活动经费来源及管理办法等。正式书面申请须先经集体讨论通过，然后由社团筹备负责人送交高校有关部门，并由社团筹备负责人向高校有关部门做必要的说明。若高校暂未明确学生社团审批部门，可以将正式书面申请送达与本社团活动内容相近的高校有关部门。

第二，确定是否批准某个学生社团成立之前，应对正式书面申请的内容进行审查，并做必要的实际调查和了解。高校有关部门决定批准或不予批准某个学生社团成立，应有书面通知，并通知社团筹备负责人。对批准成立的社团，高校有关部门应规定该社团的主管部门，必要时可规定辅导教师负责。对未被批准的社团，高校有关部门要做好解释工作。

经高校有关部门批准后，学生社团可以正式成立，开展活动。未经批准的社团不得成立和开展活动。需要特别指出的是，跨高校、跨地区、面向社会的团体，不属高校社团之列。

3. 学生社团的解散

学生社团的解散，具体包括以下两种：

第一，学生社团的自行解散。由于学生流动快，学生社团成员变化较大，容易导致社团活动停止、社团组织自行解散的情况。学生社团自行解散，要向批准成立的部门报告，同时要妥善处理遗留经费和物资。凡属个人的，应当返还本人，其他剩余部分上缴高校。

第二，学生社团的强制解散。学生社团活动应当严格遵守有关法律和规定。社团活动发生违反宪法、法律和有关法规，并造成严重影响，或严重损害学生身心健康，或严重干扰高校秩序，或与本社团宗旨无关，经劝告仍不改正等情况时，高校有关部门可以责令该社团停止活动，并强制解散。对社团负责人和有关直接责任者，可以按有关规定作出相应的处理。

（三）学生社团的活动和管理

1. 学生社团活动的基本原则

第一，学生社团必须服从高校领导和管理，社团活动要遵纪守法。高校有关部门和学生社团的主管部门代表高校归口管理学生社团，并对学生社团实行政治领导。学生社团要主动争取并自觉接受领导和管理，要防止出现游离于高校的领导和管理之外的学生社团组织和社团活动。

学生社团活动要符合我国宪法、法律和校规校纪的规定，要在学生完成教学计划内学习的前提下进行。学生社团组织还要发挥自我管理和自我教育的作用，教育和帮助社团成员认真遵守宪法、法律和校规校纪；学生社团活动要符合本社团宗旨。学生社团要认真按照确定的宗旨开展活动，不得从事与本社团宗旨无关的活动。

第二，学生社团邀请校外人员到高校进行社会政治活动和学术活动，均须经高校同意。学生社团邀请有关专家、学者和知名人士到高校进行有关内容的演讲、座谈和社会政治活动，对提高社团成员的水平、丰富社团活动内容，都有积极意义。但是，为了加强管理，学生社团组织或个人不得随意邀请校外人员来校从事有关活动。

学生社团组织或个人邀请校外人员（包括外籍人员）到校举办学术讲座、发表演说、进行座谈和讨论等活动，须经高校批准。组织者应在三天前向高校有关部门提出申请，说明活动的内容、报告人和活动负责人姓名，高校有关部门应当在拟举行活动的4小时前将许可或者不许可的决定通知组织者。讲座、报告等社会活动和学术活动，不得干扰高校的教学、科研和生活秩序等。对于违反上述规定的活动组织者，要根据校纪，酌情予以处理，对于正在进行的这类活动，高校有关部门可以责令立即停止进行。

第三，学生社团创办面向校内的报刊，须经高校批准。学生社团可以根据需要创办面向校内的报刊，但报刊内容应限定在本社团宗旨范围内。在正式创刊之前，要向高校有关部门提出申请，说明办刊宗旨、登载内容、出版周期、经费来源，以及编辑人员组成等有关情况。未经高校有关部门批准，不得印刷和散发、张贴自办报刊。

出版面向校内的报刊，要求学生社团高度负责，认真选择稿件，尽量减少或不出差错，特别是不应出现原则性的失误。为此，应当主动争取有关主管部门帮助把关。报刊应标明已经高校有关部门批准字样或标注批准号。报刊停止出版，应向原批准部门报告。学生在校的主要任务是学习，因此，不提倡学生创办面向校外的报刊，如果创办面向校外的报刊，必须按照有关规定报政府有关部门批准，并接受指导和管理。

2. 学生社团活动的管理

学生社团活动吸引了众多学生，涉及面既宽又广，形式多种多样。而且，学生社团种类繁多，既有一般娱乐性的，又有学术性的，这就加重了学生社团管理的难度，同时也对学生社团管理提出了更高的要求。

首先，高校要加强对学生社团管理工作的领导。社团管理是一项政策性较强的工作。高校应当根据本校学生社团的现状和发展趋势，根据学生社团的类型，分别确定相应的归口管理部门，配备或指定一定数量的管理人员具体负责学生社团组织、社团讲座和社团报刊的审查、批准和管理等项事宜。不仅如此，高校党政领导要亲自主持研究和制订学生社团管理的有关重要政策和措施，亲自处理某些涉及面广、影响较大的社团组织或个人发生的问题。

其次，要加强对社团发展方向的引导。要帮助学生社团把握正确的发展方向，特别是教育和引导各个社团坚持正确的教育方向。一般地说，对于学术型和专业性较强的学生社团，可以选派相关的教师或管理人员进行业务辅导，同时也进行理论方向的引导。

最后，要加强对社团负责人的培养和教育。社团负责人是学生中的骨干，他们的思想品德素质如何，直接关系到社团组织能否健康发展。因此，要把社团负责人真正作为学生积极分子队伍的一员，组织他们参加业余党校、团校和党章学习小组等学习活动，引导和帮助他们认真学习理论知识，提高思想觉悟和思想理论水平，提高组织能力。还要经常与他们促膝谈心，了解社团活动情况，帮助解决社团活动中出现的问题，引导社团健康地发展。

参考文献

[1]应培礼. 高校学生事务依法管理研究[M]. 上海：复旦大学出版社，2018.

[2]李雷，黄居源，申钊. 高校学生公寓管理风险防控[M]. 武汉：武汉大学出版社，2018.

[3]边小玲. 高校学生教育管理中的细节教育[M]. 长春：吉林文史出版社，2018.

[4]刘佳，张红，王志芳. 大学生高校事务管理的理论与执行[M]. 北京：北京工业大学出版社，2018.

[5]潘雪义. 新时代高校学生事务管理研究[M]. 北京：北京工业大学出版社，2018.

[6]王娟，卢臣，张利芳. 大学生体质健康管理与高校体育教学改革研究[M]. 长春：吉林大学出版社，2018.

[7]郝巍. 信息化视野下高校学生事务管理研究[M]. 天津：天津科学技术出版社，2018.

[8]杨大鹏，马亚格，罗茗. 高校学生工作管理创新研究[M]. 北京：北京理工大学出版社，2019.

[9]孙小龙，沈红艳，江玲玲. 国际视野下高校学生事务管理发展研究[M]. 北京：中国书籍出版社，2019.

[10]莫新均. 高校学生管理模式与创新[M]. 延吉：延边大学出版社，2019.

[11]唐杰. 人力资源管理理论在高校学生管理中的应用研究[M]. 成都：电子科技大学出版社，2018.

[12]徐明波. 高校学生管理与创新[M]. 青岛：中国海洋大学出版社，2018.

[13]王红艳，肖川，夏山峰. 民办高校学生管理工作研究[M]. 济南：山东人民出版社，2018.

[14]孙强. 当代高校学生管理模式与制度研究[M]. 北京：地质出版社，2018.

[15]余敬斌. 高校学生管理工作模式创新研究[M]. 长春：吉林文史出版社，2018.

[16]闫莉莉. 互联网时代高校学生管理模式创新研究[M]. 长春：吉林文史出版社，2018.

[17]李丽丹，艾娇，郑旭. 高校大学生管理[M]. 沈阳：辽宁人民出版社，2018.

[18]孙建凯. 高校学生服务与管理探微[M]. 延吉：延边大学出版社，2018.

[19]王文婷. 高校学生事务管理理论与实践探究[M]. 北京：中国纺织出版社，2018.

[20]黄春雷，赵旭，王强. 高校学生社区思想政治教育与管理[M]. 北京：中国石化出版社，2018.

[21]宁晓文. 高校学生管理模式的探索与创新[M]. 长春：吉林大学出版社，2019.

[22]穆牧. 高校学生管理与思政教育融合探索[M]. 北京：北京工业大学出版社，2019.

[23]侯瑞刚. 新时代高校学生管理工作创新研究[M]. 北京：中国水利水电出版社，2019.

[24]刘欢. 高校学生教育管理研究[M]. 长春：吉林大学出版社，2019.

[25]李兰，郝希超，原平. 高校学生事务管理模式创新与实践[M]. 长春：吉林文史出版社，2019.

[26]张丽云. 高校学生教育与管理工作创新研究[M]. 长春：吉林文史出版社，2019.

[27]李季秀. 高校学生档案规范化管理探究[M]. 长春：吉林科学技术出版社，2019.

[28]梁书杰. 高校学生工作模式与管理方法研究[M]. 长春：吉林科学技术出版社，2019.

[29]李玲. 高校学生管理工作创新研究[M]. 长春：吉林人民出版社，2020.

[30]宋丽萍. 新媒体环境下高校学生教育管理工作创新研究[M]. 长春：吉林大学出版社，2020.